महाकवि 'ग़ालिब' की शायरी

वाणी प्रकाशन
21-ए, दरियागंज, नयी दिल्ली-110002
फोन : 011-23273167, 23275710, 41562622
फैक्स : 011-23275710
e-mail : vani_prakashan@yahoo.com
vaniprakashan@gmail.com
website : vaniprakashan.com

महाकवि 'ग़ालिब' की शायरी

संपादन

शमीम हनफ़ी

रूपान्तरण

सबा

वाणी प्रकाशन का लोगो
विख्यात चित्रकार मकबूल फिदा हुसेन
की कूची से

ISBN: 81-7055-777-1

वाणी प्रकाशन
21-ए, दरियागंज, नयी दिल्ली-110002
द्वारा प्रकाशित

प्रथम संस्करण : 2002
द्वितीय संस्करण : 2007

मूल्य : 100.00

आवरण : वाणी चित्रांकन

शुभम ऑफसेट, दिल्ली-110032
द्वारा मुद्रित

MAHAKAVI 'GALIB' KI SHAYARI
Edited by Shamim Hanfi

परिचय

महाकवि 'ग़ालिब' उर्दू के अन्तिम बड़े क्लासीकी कवि थे। उन्हें उर्दू का पहला बड़ा आधुनिक कवि भी कहा जाता है। दूसरे शब्दों में हम यह कह सकते हैं कि 'ग़ालिब' के व्यक्तित्व और उनकी कविता में नई और पुरानी दुनिया के निशान एक साथ जमा हो गए थे। उर्दू के एक प्रसिद्ध आलोचक ने कहीं लिखा था कि मुग़लों ने भारतवर्ष को तीन बड़े तोहफ़े दिए—एक उर्दू भाषा, दूसरे ताजमहल और तीसरे दीवान-ए-ग़ालिब। यह तीनों चीज़ें एक महान सांस्कृतिक और सृजनात्मक परम्परा की भेंट कही जा सकती हैं।

'ग़ालिब' का जन्म 1797 ई. में आगरे में हुआ। लगभग तेरह वर्ष की आयु में वह दिल्ली चले आए और 1869 ई. में अपनी मृत्यु तक 'ग़ालिब' दिल्ली ही में रहे। यह पूरा ज़माना भारतीय इतिहास में एक बहुत बड़े मानसिक और भावनात्मक संघर्ष का ज़माना था। एक तरफ़ मुग़ल राज्य की धीरे-धीरे टूटती और बिखरती हुई परम्परा दूसरी तरफ़ ईस्ट इंडिया कम्पनी, फिर उसके बाद अंग्रेज़ी साम्राज्य की पाली-पोसी एक नई वैचारिक परम्परा। दो संस्कृतियों के टकराव ने इस ज़माने में जिन परिस्थितियों को जन्म दिया उनमें नए और पुराने सामाजिक तत्त्व एक-दूसरे से टकरा भी रहे थे और एक-दूसरे में प्रवेश भी कर रहे थे। 'ग़ालिब' की कविता किस तरह एक दो राहे पर खड़ी दिखाई देती है।

यह एक दिलचस्प इत्तिफ़ाक़ है कि पिछली तीन सदियों ने उर्दू को तीन बड़े शायर दिए। अट्ठारहवीं सदी, महाकवि 'मीर' से पहचानी जाती है। उन्नीसवीं सदी 'ग़ालिब' की सदी है और बीसवीं सदी महाकवि 'इक़बाल' से जोड़ी जाती है। यह तीन सदियों की तीन अलग-अलग आवाज़ें हैं। लेकिन इन तीनों में हमारी चेतना में जो सम्बन्ध 'ग़ालिब'

से स्थापित किया वह शेष दोनों की बनाई दुनियाओं से अलग है। 'ग़ालिब' की दुनिया हमें आम इंसानों की दुनिया दिखाई देती है। यह दुनिया हमारी पहुँच से आगे की दुनिया नहीं है। यह दुनिया हमसे अपने आपको परिवर्तित करने, अपने अन्दर नए गुण और नई विशेषताएँ समेटने या अपने आपको सुधारने की माँग नहीं करते। 'ग़ालिब' की दृष्टि का दरवाज़ा हम सबके लिए खुला हुआ है। 'ग़ालिब' ज़िन्दगी की साधारण सच्चाइयों को समझने में अपने अस्तित्व के अतिरिक्त किसी विश्वास या किसी आइडियालोजी को वसीला नहीं बनाते। इसीलिए 'ग़ालिब' को पहचानने या 'ग़ालिब' को समझने के सिलसिले में हमें किसी बाहरी सहारे की ज़रूरत भी नहीं पड़ती। अपनी मनोवृत्ति और व्यक्तित्व के लिहाज़ से 'ग़ालिब' की एक अपनी पहचान है। वह आँखें बन्द करके किसी भी सच्चाई को स्वीकार नहीं करते। जीवन के बड़े से बड़े सत्य को 'ग़ालिब' एक प्रश्नात्मक चिन्ह स्थापित करते दिखाई देते हैं। उनकी चेतना का फैलाव और अभिव्यक्ति को अनोखापन 'ग़ालिब' को उर्दू समेत अपने ज़माने का सबसे बड़ा कवि बनाती है। यह बात मैं सिर्फ़ भारतीय भाषाओं और साहित्यिक परम्पराओं के सन्दर्भ में नहीं कह रहा हूं। उन्नीसवीं सदी में भारत की किसी भी भाषा में 'ग़ालिब' के मर्तबे का कोई भी कवि नहीं हुआ। विश्व साहित्य पर नज़र डाली जाए तो 'ग़ालिब' के समकालीनों में हमें रूस के पुश्किन, फ्रांस के बॉद्लेयर, जर्मनी के हाइने, अमेरिका के वाल्ट व्हिटमन और इंगलिस्तान के रोमांटिक कवियों के नाम दिखाई देते हैं। लेकिन इनमें से किसी का भी काव्य-जगत उतना विस्तृत, उतना गहरा और घना नहीं है जितना कि 'ग़ालिब' का काव्य-जगत। 'ग़ालिब' का सबसे बड़ा कारनामा यह है कि उन्होंने समय और इतिहास की किसी भी सीमा को स्वीकार नहीं किया। उनकी कविता इतिहास में रहते हुए भी इतिहास के दायरे से बाहर निकल जाती है और एक ऐसे महान सत्य का प्रतीक बन जाती है जिसकी अहमियत हर युग में एक जैसी रहेगी।

शायद इसीलिए उर्दू और फ़ारसी के इलावा भी दुनिया की दूसरी बहुत सी भाषाओं में सोचने और लिखने वाले की 'ग़ालिब' की चेतना से एक घनिष्ठ सम्बन्ध स्थापित कर लेते हैं और 'ग़ालिब' की कविता

में सबको अपनी-अपनी आत्मा की गूँज सुनाई देती है। हमारी अपनी परम्परा से बाहर 'ग़ालिब' की जो बातें दूसरों के लिए रोचक बनाती हैं उनका भेद 'ग़ालिब' की कविता के विश्वव्यापी तत्त्वों में छुपा हुआ है। यह कविता उन प्रश्नों से सम्बन्धित है जो किसी भी युग की मानवीय परिस्थितियों से रूनुमा हो सकते हैं। शमशेर बहादुर सिंह जो उर्दू हिन्दी साहित्यिक परम्परा का मिला-जुला इतिहास लिखना चाहते थे, उनका कहना था कि 'ग़ालिब' की शायरी हिन्दी की समूची काव्य परम्परा से बहुत आगे दिखाई देती है। विदेशी भाषाओं को अलग करके भी देखा जाए तो पता चलता है कि भारतवर्ष की क्षेत्रीय भाषाओं .... बंगाली, तमिल, मराठी, गुजराती, कश्मीरी, पंजाबी, मलयालम यहाँ तक कि अवधी में भी 'ग़ालिब' की कविता के अनुवादों को जो लोकप्रियता मिली वह हैरान करने वाली है। हिन्दी के प्रसिद्ध आधुनिक कवि और आलोचक अशोक वाजपेयी ने कहा था, "मुझे लगता है कि हमारी परिस्थिति अथवा भारतीय परिस्थिति में 'ग़ालिब' पहले आधुनिक कवि हैं। वह आधुनिकता के पहले क्लासिक (Classic) हैं–तीन अर्थों में–एक तो, यह कि उनके यहां व्यक्ति कविता के केन्द्र में मौजूद है–बिना किसी देवमालाई दिशा, बिना किसी पारम्परिक आदर्श और विश्वास के, एक निहत्थे इन्सान के रूप में। दूसरी बात 'ग़ालिब' का प्रश्नवाचक स्वभाव। वह हर बात पर प्रश्न स्थापित करने का हौसला रखते हैं। दुनिया के तमाशे पर प्रश्न, अपने युग पर प्रश्न उठाते हैं। तीसरी बात यह है कि 'ग़ालिब' के यहाँ हिन्दी और फ़ारसी परम्परा का एक सम्मिश्रण, एक अर्थपूर्ण आपसी सम्बन्ध मिलता है। हिन्दी परम्परा को 'ग़ालिब' की कविता में एक नई भाषा मिली।" अशोक वाजपेयी ने यह भी कहा है कि, "ग़ालिब थे तो उन्नीसवीं सदी में परन्तु उनका सबसे ज़्यादा असर महसूस किया गया बीसवीं सदी में। गुजराती में, मराठी में, बंगला में, पूर्व और पश्चिम की कई भाषाओं में 'ग़ालिब' का अनुवाद हुआ और 'ग़ालिब' को रूहानी अनुभवों के कवि की हैसियत से देखा गया है। मेरे पास एक संग्रह है दुनिया की आध्यात्मिक कविता का। उसमें भारतवर्ष के जो कवि लिए गए हैं–वेद और उपनिषद के अलावा, एक हिस्सा गीता का है, गौतमबुद्ध के कुछ कथन हैं–और फिर कबीर, मीरा और ग़ालिब। यह बात भी

बहुत खुलकर, बिना किसी झिझक के कहीं जानी चाहिए कि 'ग़ालिब' उन्नीसवीं सदी में न केवल भारतवर्ष के सबसे बड़े कवि हैं बल्कि दुनिया के सबसे बड़े कवियों में हैं—अपनी दृष्टि के फैलाव में, अपनी नई ढंग की चेतना में, अपने दार्शनिक खरेपन में, अपनी हौसला मन्दी में और अपनी बेचैनी में 'ग़ालिब' एक बहुत बड़े व्यक्तित्व के तौर पर उभरते हैं। वह एक ऐसी बड़ी बिरादरी का हिस्सा हैं जो हमारे यहाँ वेद से लेकर अब तक फैली हुई है।"

ग़ालिब की कविता के बारे में एक बात यह भी कही जाती है कि उसे जब-जब पढ़ा जाए अर्थ और भाव की एक नई दिशा उससे निकलती हुई दिखाई देती है। इसका मतलब यह है 'ग़ालिब' किसी बँधे टिके अनुभव या अहसास के कवि नहीं हैं। उनकी कविता विचार का एक अद्‌भुत आकार रखती है। जिसमें हर युग के इन्सानी अनुभवों को अपने अन्दर समेट लेने की सलाहियत है। 'ग़ालिब' की दूसरी बड़ी और बेमिसाल ख़ूबी यह है कि उन्होंने काव्य भाषा और शब्दावली को एक नए शिखर तक पहुँचाया। बुनियादी तौर पर 'ग़ालिब' अपना एक विशेष संकेतात्मक स्वभाव या Metaphorical system रखते हैं। उनकी कविता इसीलिए एक साथ कई स्तर रखती है और उसे समझने के लिए अर्थ के किसी एक स्तर की पाबन्दी ज़रूरी नहीं। 'ग़ालिब' इस लिहाज़ से आज भी भारतीय परम्परा के सबसे बड़े कवि कहे जा सकते हैं कि उनके यहाँ मानव जीवन के तमाशे की एक नई भावना मिलती है। उनकी विचारधारा में कहीं भी सुख का कोई साधन नहीं है। वह एक cosmic अपील रखती है। ऐसा लगता है कि 'ग़ालिब' से जुड़े हुए प्रश्नों का अनुमान लगा सकते हैं। यह एक तरह का cosmic Vision था। शायद इसीलिए 'ग़ालिब' की इन्सान-दोस्ती का क्षेत्र बहुत असीम और अपार है।

ग़ालिब की शायरी में उर्दू की पूरी परम्परा एक ऐसे रूप में सामने आई है जिससे दूसरी सांस्कृतिक परम्पराओं के साए में तरबियत पाने वाले भी अपने आपको जोड़ सकते हैं। 'ग़ालिब' जीवन के ऐसे भेदों को खोलते हैं जिनसे कोई भी भावुक आत्मा आँखें नहीं चुरा सकती। उन्होंने जीवन के बुनियादी सत्य यानी अपने अस्तित्व के अहसास को अपने

तमाम प्रश्नों का केन्द्र बनाया। किर्केगार ने इसी अहसास को मानव अस्तित्व का दूसरा नाम दिया था। इसका मतलब यह है कि हमारे लिए अपने वही अनुभव सार्थक सिद्ध होते हैं जिन्हें अस्तित्व के अनुभव या Existential Experience के तौर पर बरत सकें। नेटशे के कथनानुसार दार्शनिक बोध की हर दिशा हमें अपने अस्तित्व के अनुभव की ओर ले जाती है। दूसरे शब्दों में यह कहा जा सकता है कि हर मनुष्य अपने अस्तित्व की सीमाओं को नहीं लाँघ सकता। कोई भी अपने आपसे भागकर कभी कहीं नहीं जा सकता। 'ग़ालिब' जब यह कहते हैं कि :

अपनी हस्ती ही से हो जो कुछ हो
आगही गर नहीं, ग़फ़लत ही सही

तो उनका मतलब यही होता है कि हर मनुष्य के जीवन की सबसे बड़ी समस्या उसके अपने अस्तित्व की समस्या है। 'ग़ालिब' की कविता में प्रश्न तो वही उठाए गए हैं जो हर युग के महाकवियों ने उठाए हैं। मिसाल के तौर पर यह कि प्रेम क्या है? ईश्वर क्या है? ब्राह्मांड में इन्सान की हैसियत क्या है? इत्यादि इत्यादि। लेकिन इन प्रश्नों का जवाब 'ग़ालिब' ने पारम्परिक ढंग से नहीं दिया है। उन्होंने एक नए मुहावरे की खोज की है। मलयालम भाषा के कवि और आलोचक सच्चिदानन्दन के कथानुसार—''ग़ालिब जानते थे कि वह भविष्य की भाषा गढ़ रहे हैं। सांत्वना के अन्त और दुविधाओं से भरी हुई ज़िन्दगी का अनुभव अपनी अभिव्यक्ति के लिए एक नई भाषा चाहता था। 'ग़ालिब' की कविता का बुनियादी सरोकार जिन सवालों से था उनका महत्त्व हमेशा बाक़ी रहेगा। इसीलिए 'ग़ालिब' की आवाज़ भी हमेशा ध्यानपूर्वक सुनी जाएगी। ज़िन्दगी के तमाम खेलों में सबसे ज़्यादा उलझा हुआ, उदासी को जन्म देने वाला, मगर दिलचस्प खेल अपनी हस्ती का तमाशा है और 'ग़ालिब' यही तमाशा देखते और दिखाते थे। 'ग़ालिब' की कल्पना में हमें अपनी हस्ती के जो प्रतिबिम्ब दिखाई देते हैं तो इसीलिए कि 'ग़ालिब' ने एक यथार्थवादी और ठोस सतह पर ज़िन्दगी के भेदों और पेचीदगियों को समझने की जुस्तजू की। 'ग़ालिब' ने इंसान की तक़दीर और इस पूरे ब्रह्मांड में इंसान की हैसियत और उसकी हस्ती के सम्बन्धों

को समझना चाहा। उनकी यह उलझन कभी ख़त्म नहीं हुई। क्योंकि इन प्रश्नों का अन्तिम जवाब किसी के पास नहीं था। स्वयं 'ग़ालिब' के पास भी नहीं था। 'ग़ालिब' अपनी सीमा के साथ-साथ मानव इतिहास और अनुभव की तमाम सीमाओं को भी समझते थे। इसीलिए 'ग़ालिब' की कविता हमें हमेशा प्रश्नों में घिरे रहने का अहसास दिलाती है। ज़िन्दगी के किसी भी बुनियादी सवाल का जवाब नहीं देती। लेकिन इसी के साथ-साथ 'ग़ालिब' की कविता हमें यह भी बताती है कि मानव अस्तित्व से जुड़े हुए सबसे बड़े सवाल वही हैं जिनका जवाब ढूँढ़ने में कभी किसी को सफलता नहीं मिली।"

–शमीम हनफ़ी

नक़्श, फ़रियादी है किसकी शोख़िये-तहरीर[1] का
काग़ज़ी है पैरहन[2], हर पैकरे-तस्वीर[3] का
काबे काबे सख़्त जानी हाये तनहाई न पूछ
सुबह करना शाम का, लाना है जूये शीर[4] का
जज़्बये बे इख़्तियारे-शौक़ देखा चाहिए
सीनये शम्शीर[5] से बाहर है दम शम्शीर का
आगही[6], दामे शुनीदन[7] जिस क़दर चाहे बिछाये
मुद्आ अन्क़ा[8] है अपने आलमे-तक़्रीर का
बस कि हूँ 'ग़ालिब'! असीरी[9] में भी आतिश[10] ज़ेरे-पा[11]
मूये-आतिश-दीदा[12] है हल्क़ा मेरी ज़ंजीर का

---

1. लिखाई 2. कुर्ता 3. तस्वीर का बदन 4. दूध की नहर—यह संकेत एक प्राचीन ईरानी प्रेमी फरहाद की तरफ है जिसने अपनी प्रेमिका को पाने के लिए दूध की एक नहर खोद डाली थी 5. तलवार 6. सूझ-बूझ 7. सुनने का जाल 8. एक काल्पनिक पहेली जिसे किसी ने देखा नहीं 9. गिरफ़्तारी, क़ैद 10. आग 11. पाँव के नीचे 12. जला हुआ बाल (बाल जलने के बाद ऐंठ जाता है और ज़ंजीर की बेड़ी जैसा दिखाई देता है।)

कहते हो : "न देंगे हम, दिल अगर पड़ा पाया"
दिल कहाँ कि गुम कीजे, हमने मुद्दआ पाया
इश्क़ से तबीयत ने ज़ीस्त[1] का मज़ा पाया
दर्द की दवा पाई, दर्दे-बे दवा पाया
दोस्त-दारे-दुश्मन[2] है, एतमादे दिल मालूम!
आह बे असर देखी, नाला[3] नारसा[4] पाया
सादगी व पुर्कारी[5] बेख़ुदी[6] व हुशियारी
हुस्न को तग़ाफ़ुल[7] में, जुर्अत आज़मा पाया
गुन्चा फिर लगा खिलने, आज हमने अपना दिल
ख़ूँ किया हुआ देखा, गुम किया हुआ पाया
हाले दिल नहीं मालूम, लेकिन इस क़दर, यानी
हमने बारहा[8] ढूँढ़ा, तुमने बारहा पाया
शोरे-पन्दे-नासेह[9] ने ज़ख़्म पर नमक छिड़का
आपसे कोई पूछे : तुमने क्या मज़ा पाया?

---

1. ज़िन्दगी 2. दुश्मन को दोस्त रखने वाला 3. रोना, फरियाद करना 4. जो कहीं पहुँच न सके 5. बनावट, सजावट 6. अपने होश में न रहना 7. बेतवज्जो 8. बार-बार 9. नसीहत करने वाला

शौक़, हर रंग रक़ीबे-सर-ओ-सामाँ[1] निकला
क़ैस, तस्वीर के पर्दे में भी उरियाँ[2] निकला
ज़ख़्म ने दाद न दी तंगिये दिल की, यारब!
तीर भी सीनये बिस्मिल[3] से पर-अफ़्शाँ[4] निकला
बूये गुल, नालये दिल[5], दूदे चिराग़े महफ़िल
जो तेरी बज़्म से निकला, सो परीशां निकला
दिले हसरतज़दा, था मायदये[6] लज़्ज़ते दर्द
काम यारों का बक़दरे लब-ओ-दन्दां[7] निकला
है नौ-आमोज़े-फ़ना[8], हिम्मते दुश्वार पसन्द
सख़्त मुश्किल है कि यह काम भी आसाँ निकला
दिल में फिर गिरिये[9] ने इक शोर उठाया, 'ग़ालिब'!
आह! जो क़तरा न निकला था, सो तूफ़ाँ निकला

---

1. उपकरण 2. बेलिबास 3. घायल 4. पर फैलाए हुए 5. दिल की फ़रियाद 6. इच्छुक 7. होंठ और दाँत 8. मौत के सबक़ को जिसने नया-नया सीखा हो 9. विलाप

धमकी में मर गया, जो न बाबे-नबर्द[1] था
इश्क़े नबर्द पेशा तलबगारे-मर्द था
था ज़िन्दगी में मर्ग[2] का खटका लगा हुआ
उड़ने से पेश्तर भी मेरा रंग ज़र्द था
तालीफ़े-नुस्ख़ा-हाये-वफ़ा[3] कर रहा था मैं
मजमूअये ख़याल अभी फ़र्द फ़र्द[4] था
दिल ता जिगर कि साहिले-दरियाये-ख़ूं है अब
इस रहगुज़र[5] में जलावा-ए-गुल आगे गर्द था
जाती है कोई कश्मकश अन्दोहे-इश्क़[6] की!
दिल भी अगर गया, तो वही दिल का दर्द था
अहबाब[7] चारा-साज़िये-वहशत[8] न कर सके
ज़िन्दाँ[9] में भी ख़याल, बयाबां-नवर्द[10] था
यह लाशे बेकफ़न असदे ख़स्ता जां की है
हक़[11] मग़फ़िरत[12] करे! अजब आज़ाद मर्द था

---

1. युद्ध का अभ्यासी 2. मौत 3. वफ़ा के नुस्ख़ों का सम्पादन 4. अलग-अलग 5. रास्ता 6. इश्क़ का दुख 7. दोस्त 8. वहशत, या घबराहट का इलाज 9. कारागार 10. जंगल में घूमने वाला 11. ईश्वर 12. गुनाओं को माफ करे

महरम[1] नहीं है तू ही नवाहाये राज़[2] का
यां वरना जो हिजाब[3] है, पर्दा है साज़ का
रंगे-शिकस्ता[4], सुबहे-बहारे-नज़ारा है
यह वक़्त है शगुफ़्तने[5] गुलहाये नाज़[6] का
तू और सूये ग़ैर नज़र आये तेज़ तेज़!
मैं और दुख तेरी मिज़ा-हाये-दराज़[7] का!
सर्फ़ा[8] है ज़ब्ते आह में मेरा, वगरना मैं
तामा[9] हूँ एक ही नफ़से-जाँ-गुदाज़[10] का
हैं बस कि जोशे-बादा[11] से शीशे उछल रहे
हर गोशये बिसात[12] है सर शीशा बाज़ का
काविश[13] का दिल करे है तक़ाज़ा है कि हनूज़[14]
नाख़ुन पे क़र्ज़ इस गिरहे नीम बाज़ का
ताराजे काविशे ग़मे-हिजरां[15] हुआ, 'असद'!
सीना, कि था दफ़ीना गुहर-हाये-राज़[16] का

1. भेदी 2. राज़ की आवाज़ें 3. पर्दा 4. उड़ा हुआ रंग 5. खिलना 6. नाज-वो अन्दाज़ के फूल 7. लम्बी पलकें 8. फ़ायदा 9. लुक़्मा कौर 10. जान को पिघलाने वाली साँस 11. शराब के जोश से 12. महफ़िल का कोना 13. कुरेदना 14. अभी 15. विरह का ग़म 16. राज़ों के मोती

बसकि दुश्वार है हर काम का आसां होना
आदमी को भी मयस्सर[1] नहीं इन्सां होना
गिरिया[2] चाहे है ख़राबी मेरे काशाने[3] की
दर-ओ-दीवार से टपके है ब्याबां[4] होना
वाये दीवानगीये शौक़ कि हरदम मुझको
आप जाना उधर और आप ही हैरां होना
जलवा अज़ बस कि तक़ाज़ाये-निगह[5] करता है
जौहरे-आइना भी चाहे है मिज़्गां[6] होना
इश्रते क़त्ल गहे अह्ले तमन्ना[7] मत पूछ
ईदे-नज़्ज़ारा है शमशीर[8] का उरियां[9] होना
ले गए ख़ाक में हम दाग़े तमन्नाये-निशात[10]
तू हो और आप ब सद रंग गुलिस्ताँ[11] होना
इश्रते-पारये-दिल : ज़ख़्मे-तमन्ना खाना
लज़्ज़ते रीशे जिगर, : ग़र्के नमक दां होना
की मेरे क़त्ल के बाद उसने जफ़ा[12] से तोबा
हाये उस जूद-पशेमां[13] का पशेमां होना!
हैफ़[14] उस चार गिरह कपड़े की क़िस्मत ग़ालिब
जिसकी क़िस्मत में हो आशिक़ का गिरेबां होना

---

1. प्राप्ति, पाना 2. आँसू 3. घर 4. जंगल 5. देखने का तक़ाज़ा 6. पलक 7. ख्वाहिश, कामना 8. तलवार 9. नंगा 10. खुशी की कामना 11. उद्यान 12. जुल्म 13. जल्दी पछताने वाला 14. अफ़सोस

दोस्त, ग़मख्वारी में मेरी, सई[1] फ़रमावेंगे क्या?
ज़ख़्म के भरने तलक, नाख़ुन न बढ़ जावेंगे क्या?
बेनियाज़ी[2] हद से गुज़री, बन्दा पर्वर! कब तलक
हम कहेंगे हाले दिल, और आप फ़रमावेंगे 'क्या'?
हज़रते नासेह[3] गर आवें, दीद-ओ-दिल फ़र्शे राह
कोई मुझको यह तो समझा दो कि समझावेंगे क्या?
आज वां तेग़-ओ-कफ़न बाँधे हुए जाता हूँ मैं
उज़्र[4] मेरे क़त्ल करने में वह अब लावेंगे क्या?
गर किया नासेह ने हमको क़ैद, अच्छा यूँ सही!
यह जुनूने-इश्क़ के अन्दाज़ छुट जावेंगे क्या?
ख़ाना ज़ादे जुल्फ़ हैं, ज़ंजीर से भागेंगे क्यों?
हैं गिरफ़्तारे-वफ़ा, ज़िन्दां[5] से घबरावेंगे क्या!
है अब इस मामूरे[6] में क़हते-ग़मे-उल्फ़त, असद!
हमने यह माना कि दिल्ली में रहें, खावेंगे क्या?

---

1. कोशिश 2. बेपर्वाही 3. नसीहत करने वाला 4. बहाना 5. क़ैद ख़ाना, जेल 6. आबादी, बस्ती

यह न थी हमारी क़िस्मत कि विसाले-यार[1] होता
अगर और जीते रहते, यही इन्तेज़ार होता
तेरे वादे पर जिये हम, तो यह जान, झूट जाना
कि खुशी से मर न जाते, अगर एतबार होता
तेरी नाज़ुकी से जाना कि बँधा था अहद बोदा[2]
कभी तू न तोड़ सकता, अगर उस्तवार[3] होता
कोई मेरे दिल से पूछे तेरे तीरे-नीम कश[4] को
यह ख़लिश[5] कहाँ से होती, जो जिगर के पार होता
यह कहाँ की दोस्ती है कि बने हैं दोस्त, नासेह
कोई चारा-साज़[6] होता, कोई ग़मगुसार होता
रगे संग[7] से टपकता वह लहू कि फिर न थमता
जिसे ग़म समझ रहे हो, यह अगर शरार होता
ग़म अगर चे जां गुसिल[8] है, पे कहाँ बचें कि दिल है
ग़मे इश्क़ गर न होता, ग़मे रोज़गार होता
कहूँ किससे मैं कि क्या है! शबे-ग़म बुरी बला है
मुझे क्या बुरा था मरना, अगर एक बार होता
हुए मर के हम जो रुसवा, हुए क्यों न ग़र्क़े[9]-दरिया
न कभी जनाज़ा उठता, न कहीं मज़ार होता
उसे कौन देख सकता कि यगाना[10] है या यकता[11]
जो दुई[12] की बू भी होती, तो कहीं दो-चार होता
यह मसायले तसव्वुफ़[13], यह तेरा बयान 'ग़ालिब'!
तुझे हम वली समझते, जो न बादाख़्वार[14] होता

---

1. मिलन (महबूब से) 2. कमज़ोर प्रतिज्ञा 3. मज़बूत 4. आधा खिंचा हुआ तीर 5. बेचैनी 6. चिकित्सक 7. पत्थर की रग 8. जान को पिघला देने वाला 9. डूबना 10 बेजोड़ 11. बेमिसाल 12. दो होना 13. इस्लामी भक्ति 14. शराबी

हवस[1] को है निशाते-कार[2] क्या-क्या!
न हो मरना, तो जीने का मज़ा क्या?
तजाहुल[3] पेश्गी से मुद्दआ क्या?
कहाँ तक ऐ सरापा नाज़ 'क्या, क्या'
नवाज़िश[4] हाये बेजा देखता हूँ
शिकायत हाये रंगीं का गिला[5] क्या?
निगाहे-बे-मुहाबा[6] चाहता हूँ
तग़ाफ़ुल[7] हाय तम्कीं[8] आज़मा क्या!
फ़रोगे-शोलये-ख़स,[9] यक-नफ़स[10] है
हवस[11] को पासे नामूसे-वफ़ा[12] क्या!
नफ़स, मौजे-मुहीते[13] बेख़ुदी है
तग़ाफ़ुल हाये साक़ी का गिला क्या!
दिमाग़े इत्रे पैराहन[14] नहीं है
ग़मे आवारगी हाये सबा[15] क्या!
दिले हर क़तरा, है साज़े 'अनल बह्र'
हम उसके हैं, हमारा पूछना क्या

---

1. लालच 2. काम का आनन्द 3. अंजान बनना 4. मेहरबानी 5. शिकायत 6. बेझिझक 7. ग़फ़लत 8. गुरूर 9. घास की ज्वाला का बढ़ना 10. एक साँस 11. लालच 12. वफ़ा की लाज 13. छाई हुई, घेरती हुई 14. कुर्ता 15. हवा

मुहाबा[1] क्या है? मैं ज़ामिन[2], इधर देख
शहीदाने-निगह[3] का ख़ूँ बहा क्या!
सुन ऐ ग़ारत गरे[4] जिन्से-वफ़ा[5]! सुन
शिकस्ते-क़ीमते-दिल की सदा क्या!
किया किसने जिगरदारी का दावा?
शकेबे-ख़ातिरे-आशिक़[6] भला क्या!
यह क़ातिल वादये सब्र-आज़मा[7] क्यों?
यह काफ़िर फ़ितनये-ताक़त रुबा[8] क्या?
बलाये जां है 'ग़ालिब'! उसकी हर बात
इबारत[9] क्या, इशारत क्या, अदा क्या!

1. झिझक 2. ज़मानत लेने वाला 3. निगाह 4. लुटेरा 5. वफ़ा की जिन्स 6. आशिक़ के दिल का सब्र 7. सब्र को आज़माने वाला 8. शक्ति छीन लेने वाला फ़ितना 9. तहरीर

दर्द, मिन्नत कशे[1] दवा न हुआ
मैं न अच्छा हुआ, बुरा न हुआ
जमा करते हो क्यों रक़ीबों[2] को
इक तमाशा हुआ, गिला[3] न हुआ
हम कहाँ क़िस्मत आज़माने जायँ?
तू ही जब ख़ंजर आज़्मा न हुआ
कितने शीरीं[4] हैं तेरे लब[5] कि रक़ीब[6]
गालियाँ खा के बे मज़ा न हुआ
है ख़बर गर्म उनके आने की
आज ही घर में बोरिया न हुआ
क्या वह नमरूद की ख़ुदाई थी
बन्दगी[7] में मेरा भला न हुआ
जान दी, दी हुई उसी की थी
हक़[8] तो यूँ है कि हक़ अदा न हुआ
ज़ख़्म गर दब गया, लहू[9] न थमा
काम गर रुक गया, रवा[10] न हुआ
रहज़नी[11] है कि दिल सितानी[12] है?
लेके दिल, दिलसितां रवाना हुआ
कुछ तो पढ़िये कि लोग कहते हैं
'आज 'ग़ालिब' ग़ज़ल सरा न हुआ'

---

1. एहसास लेना 2. दुश्मन 3. शिकायत 4. मीठा 5. होंठ 6. दुश्मन 7. गुलामी 8. सच 9. रक्त 10. मुनासिब 11. डाका डालना, लूटमार 12. महबूब

न था कुछ, तो ख़ुदा था, कुछ न होता, तो ख़ुदा होता
डुबोया मुझको होने ने; न होता मैं, तो क्या होता!

हुआ जब ग़म से यूँ बेहिस, तो ग़म क्या सर के कटने का
न होता गर जुदा तन से, तो ज़ानू पर धरा होता

हुई मुद्दत कि 'ग़ालिब' मर गया, पर याद आता है
वह हर इक बात पर कहना कि 'यूँ होता, तो क्या होता'

फिर मुझे दीदये-तर[1] याद आया
दिल, जिगर तश्नये फ़रियाद[2] आया
दम लिया था न क़यामत ने हनूज़
फिर तेरा वक़्ते-सफ़र याद आया
सादगी हाये तमन्ना, यानी
फिर वह नैरंगे-नज़र[3] याद आया
उज़्रे - वामान्दगी - ए - हस्रते - दिल
नाला[4] करता था, जिगर याद आया
ज़िन्दगी यूँ भी गुज़र ही जाती
क्यों तेरा राह गुज़र याद आया
क्या ही रिज़वां[5] से लड़ाई होगी!
घर तेरा ख़ुल्द[6] में गर याद आया
आह, वह जुर्रते-फ़रियाद कहाँ!
दिल से तंग आके, जिगर याद आया
फिर तेरे कूचे को जाता है ख़याल
दिले गुम गश्ता[7] मगर याद आया
कोई वीरानी सी वीरानी है!
दश्त[8] को देख के घर याद आया
मैंने मजनूं पे लड़कपन में असद!
संग[9] उठाया था कि सर याद आया

---

1. भीगी हुई आँख 2. फरियाद की प्यास रखने वाला 3. नज़र की माया 4. फ़रियाद 5. स्वर्ग के संरक्षक 6. स्वर्ग 7. खोया हुआ 8. जंगल 9. पत्थर

अर्ज़े-नियाज़े-इश्क़[1] के क़ाबिल नहीं रहा
जिस दिल पे नाज़[2] था मुझे, वह दिल नहीं रहा
जाता हूँ दाग़े-हस्रते- हस्ती[3] लिये हुए
हूँ शम्ये-कुश्ता[4] दर ख़ुरे[5] महफ़िल नहीं रहा
मरने की, ऐ दिल! और ही तदबीर[6] कर कि मैं
शायाने दस्त-ओ-बाज़ुए[7] क़ातिल नहीं रहा
बर रूये शश जेहत[8] दरे आईना[9] बाज़ है
यां इम्तियाज़े नाक़िस-ओ-कामिल[10] नहीं रहा
वा कर दिए हैं शौक़ ने बन्दे नक़ाबे हुस्न
ग़ैर-अज़ निगाह[11], अब कोई हाइल[12] नहीं रहा
गो मैं रहा रहीने-सितम हाये—रोज़गार[13]
लेकिन तेरे ख़्याल से ग़ाफ़िल नहीं रहा
दिल से हवाये किश्ते-वफ़ा[14] मिट गई कि वां
हासिल, सिवाये हस्रते हासिल नहीं रहा
बेदादे-इश्क़ से नहीं डरता, मगर 'असद'!
जिस दिल पे नाज़ था मुझे, वह दिल नहीं रहा

---

1. प्रेमाकांक्षा 2. अदा 3. अस्तित्व 4. बुझी हुई शमा 5. महफ़िल के योग्य 6. विधि 7. महबूब की भुजा और हाथ 8. छह दिशाएँ 9. आइने का दरवाज़ा 10. योग्य और अयोग्य का फ़र्क़ 11. निगाह के अलावा 12. रुकावट डालने वाला 13. ज़माने की मार खाया हुआ 14. वफ़ा की खेती

ज़िक्र उस परीवश[1] का, और फिर बयां अपना
बन गया रक़ीब[2] आख़िर, था जो राज़दां[3] अपना
मय[4] वह क्यों बहुत पीते बज़्मे-ग़ैर[5] में यारब?
आज ही हुआ मंज़ूर, उनको इम्तहाँ अपना
मन्ज़र इक बुलन्दी[6] पर और हम बना सकते
अर्श[7] से इधर होता काश कि मकां अपना
दे वह जिस क़दर ज़िल्लत[8], हम हँसी में टालेंगे
बारे आश्ना[9] निकला, उनका पास्बां[10], अपना
दर्दे दिल लिखूँ कब तक, जाऊँ उनको दिख्ला दूँ
उँगलियाँ फ़िगार[11] अपनी, ख़ामा[12] ख़ूँ-चकाँ[13] अपना
घिसते-घिसते मिट जाता, आपने अबस[14] बदला
नंगे सिजदा[15] से मेरे, संगे आस्ताँ[16] अपना
ता[17] करे न ग़म्माज़ी[18], कर लिया है दुश्मन को
दोस्त की शिकायत में, हमने हमज़बां अपना
हम कहाँ के दाना[19] थे! किस हुनर में यकता थे!
बेसबब हुआ 'ग़ालिब'! दुश्मन आसमाँ अपना

---

1. परी जैसा 2. दुश्मन 3.राज़ जानने वाला 4. शराब 5. ग़ैर की महफ़िल 6. ऊँचाई 7. आसमान 8. रुसवाई 9. जानकार 10. रक्षक 11. घायल 12. क़लम 13. ख़ून बिखरनेवाला, ख़ून में डूबा हुआ 14. बेकार 15. सिजदे की शर्म 16. चौखट का पत्थर 17. ताकि 18. चुग़ल ख़ोरी 19 अक़्लमन्द

जौर[1] से बाज़ आए, पर बाज़ आएँ क्या
कहते हैं, ''हम तुझको मुँह दिखलाएँ क्या''
रात दिन गर्दिश[2] में हैं सात आसमाँ
हो रहेगा कुछ न कुछ घबराएँ क्या!
लाग हो, तो उसको हम समझें लगाव
जब न हो कुछ भी, तो धोका खाएँ क्या
हो लिए क्यों नामाबर[3] के साथ-साथ?
या रब! अपने ख़त को हम पहुँचाएँ क्या!
मौजे ख़ूँ[4] सर से गुज़र ही क्यों न जाए
आस्ताने-यार[5] से उठ जाएँ क्या?
उम्र भर देखा किया मरने की राह
मर गए पर, देखिए, दिखलाएँ क्या!
पूछते हैं वह कि 'ग़ालिब कौन है'?
कोई बतलाओ कि हम बतलाएँ क्या?

---

1. जुल्म 2. चक्कर काटना 3. ख़त ले जाने वाला, डाकिया 4. ख़ून की लहर 5. महबूब की चौखट

इश्रते-क़तरा[1] है, दरिया में फ़ना[2] हो जाना
दर्द का हद से गुज़रना, है दवा हो जाना
तुझसे, क़िस्मत में मेरी, सूरते कुफ़्ले-अब्जद[3]
था लिखा, बात के बनते ही जुदा हो जाना
दिल हुआ कश्मकशे-चारये-ज़हमत[4] में तमाम
मिट गया, घिसने में, इस ओक़दे[5] का वा हो जाना
अब जफ़ा[6] से भी हैं महरूम[7], हम, अल्ला अल्लाह!
इस क़दर दुश्मने-अर्बाबे-वफ़ा[8] हो जाना!
ज़ोफ़[9] से गिरिया[10] मुबद्दल[11] ब दमे सर्द[12] हुआ
बावर[13] आया हमें पानी का हवा हो जाना
दिल से मिटता तेरी अंगुश्ते हिनाई[14] का ख़याल
हो गया गोश्त से नाखुन का जुदा हो जाना

---

1. बूँद का आनन्द 2. खो जाना 3. वह ताला जो अक्षरों या अंकों के तरतीब से खुलता है 4. दिल के दर्द के उपचार का प्रयास 5. गुत्थी, गाँठ 6. जुल्म 7. वंचित 8. प्रेम-विवाह करने वालों का शत्रु 9. कमज़ोरी 10. रोना 11.-12. रुदन ठंडी आह में परिवर्तित हो गया 13. विश्वास हुआ 14. मेहंदी लगी हुई उँगली

है मुझे, अब्रे-बहारी[1] का बरस कर खुलना
रोते-रोते ग़मे-फुर्क़त[2] में, फ़ना हो जाना
गर नहीं निक्हते-गुल[3] को तेरे कूचे[4] की हवस[5]
क्यों है गर्दे-रहे-जौलाने-सबा[6] हो जाना

क

ताकि तुझ पर खुले एजाज़े-हवाये-सैक़ल[7]
देख बरसात में सब्ज़ आइने का हो जाना
बख़्शे है जलवये-गुल[8], ज़ौक़े तमाशा 'ग़ालिब'!
चश्म[9] को चाहिए हर रंग में वा[10] हो जाना

---

1. वसन्त मेघ 2. विरह वेदना 3. फूल की सुगन्ध 4. गली 5. लालच 6. पवन के रास्ते की धूल 7. परिष्करण की अभिलाषा का चमत्कार 8. फूल की बहार 9. आँख 10. खुलना

हुस्न[1], ग़म्ज़े[2] की कशाकश से छुटा मेरे बाद
बारे आराम से हैं अहले-जफ़ा[3] मेरे बाद
मन्सबे-शैफ़्तगी[4] के कोई क़ाबिल न रहा
हुई माज़ूलिये-अन्दाज़-ओ-अदा[5], मेरे बाद
शमा बुझती है, तो उसमें से धुआँ उठता है
शोलये इश्क़[6] सियह पोश[7] हुआ मेरे बाद
ख़ूँ है दिल ख़ाक में अहवाले बुतां[8] पर, यानी
उनके नाखुन हुए मोहताजे हिना[9] मेरे बाद
दर खुरे अर्ज़[10] नहीं, जौहरे बेदाद[11] को जा
निगहे नाज़[12] है सुरमे से ख़फ़ा मेरे बाद
है जुनूँ, अहले जुनूँ[13] के लिए आग़ोशे विदा
चाक[14] होता है गिरेबाँ से जुदा मेरे बाद
'कौन होता है हरीफ़े-मये-मर्द अफ़्गने-इश्क़'[15]
है मुकर्रर[16] लबे-साक़ी पे सला[17] मेरे बाद?
ग़म से मरता हूँ कि इतना नहीं दुनिया में कोई
कि करे ताज़ियते-महर-ओ-वफ़ा[18] मेरे बाद
आए है बेकसीये-इश्क़[19] पे रोना 'ग़ालिब'!
किस के घर जाएगा सैलाबे-बला[20] मेरे बाद?

---

1. ख़ूबसूरती 2. कटाक्ष 3. अन्याय करने वाले (माशूक़) 4. आसक्ति का पद 5. माशूक़ के हाव-भाव का अपदस्थ होना 6. प्रेम की ज्वाला 7. काला 8. माशूक़ों की दशा 9. मेहंदी के आभारी 10. प्रकट करने योग्य 11. अन्याय का रत्न 12. गर्वित को सहन करने वाला 16. बार-बार 17. निमन्त्रण 18. प्रेम और प्रेम निर्वाह की सम्वेदना 19. प्रेम की असहायता 20 विपत्तियों की बाढ़।

क्यों जल गया न ताबे-रुख़े-यार[1] देख कर?
जलता हूँ अपनी ताक़ते दीदार[2] देखकर
आतिश-परस्त[3] कहते हैं अहले जहाँ[4] मुझे
सरगर्मे-नाला हाये-शररबार[5] देखकर
क्या आबरूये इश्क़[6] जहाँ आम हो जफ़ा[7]
रुकता हूँ, तुमको बेसबब आज़ार देखकर
आता है मेरे क़त्ल को, पर जोशे रश्क[8] से
मरता हूँ उसके हाथ में तलवार देखकर
साबित हुआ है गर्दने मीना पे ख़ूने ख़ल्क़[9]
लर्ज़े है मौजे मय तेरी रफ़्तार देखकर
वा हसरता[10]! कि यार ने खींचा सितम से हाथ
हमको हरीसे लज़्ज़ते आज़ार[11] देखकर
बिक जाते हैं हम आप मताअे-सुख़न[12] के साथ
लेकिन अयारे-तबये-ख़रीदार[13] देखकर
जुन्नार[14] बाँध, सब्हये-सद्दाना[15] तोड़ डाल
रह रौ[16] चले है राह को हमवार[17] देखकर

---

1. माशूक़ के मुखमंडल की चमक-दमक 2. दर्शन शक्ति 3. अग्निपूजक 4. दुनिया वाले 5. चिनगारियाँ बरसाने वाले आर्तनाद में लीन 7. ज़ुल्म 8. ईर्ष्या की अधिकता 9. दुनिया वालों का ख़ून 10 हाय रे दिल की हसरत 11. दुःख दर्द के स्वाद पर ललचाया हुआ 12 काव्य की पूँजी 13. ग्राहक के स्वभाव की कसौटी 14. जनेऊ 15. सौ मनकों वाली माला 16. पथिक 17. ठीक-ठाक

इन आबलों[1] से पाँव के घबरा गया था मैं
जी ख़ुश हुआ है राह को पुरख़ार[2] देखकर

क्या बदनुमाँ है मुझसे, कि आईने में मेरे
तूती[3] का अक्स[4] समझे है, ज़ंगार[5] देखकर

गिरनी थी हम पे बर्क़े-तजल्ली[6], न तूर[7] पर
देते हैं बादा[8] ज़र्फ़े-क़दहख़्वार[9] देखकर

सर फोड़ना वह, ग़ालिबे-शोरीदाहाल[10] का
याद आ गया मुझे, तेरी दीवार देखकर

---

1. छाले 2. कंटकाकीर्ण 3. एक गाने वाला पक्षी 4. परछाईं 5. ज़ंग 6. आकाश ज्योति की बिजली 7. एक पर्वत का नाम 8. मदिरा 9. मदिरा पीने वाले का साहस 10. विकल

न गुले-नग़मा[1] हूँ, न परदये-साज़[2]
मैं हूँ अपनी शिकस्त[3] की आवाज़
तू, और आराइशे-ख़मे-काकुल[4]
मैं, और अन्देशा[5] हाय दूरदराज़
लाफ़े-तमकीं[6] : फ़रेबे-सादा-दिली[7]
हम हैं और राज़ हाये सीना गुदाज़
हूँ गिरफ़्तारे-उल्फ़ते-सइयाद[8]
वरना बाक़ी है ताक़ते-पर्वाज़[9]
वह भी दिन हो कि उस सितमगर से
नाज़ खींचूं, बजाये हस्रते-नाज़[10]
नहीं दिल में मेरे वह क़तरये-ख़ूं
जिससे मिज़गां[11] हुई न हो गुलबाज़[12]
इक तेरा ग़म्ज़ा[13] : यक क़लम अंग्रेज़[14]
ऐ तेरा जुल्म : सरबसर[15] अन्दाज़
तू हुआ जलवा गर[16], मुबारक हो
रेज़िशे - सजदये - जबीने - न्याज़[17]
मुझ को पूछा, तो कुछ ग़ज़ब न हुआ
मैं ग़रीब और तू ग़रीब नवाज़[18]
असद उल्लाह खां तमाम[19] हुआ
ऐ दरीग़ा![20] वह रिन्दे शाहिद[21] बाज़

---

1. संगीत का फूल 2. साज़ का पर्दा जिससे सुर निकलते हैं 3. पराजय 4. केश विन्यास 5. शंका 6. सहनशक्ति का दावा 7. सरल हृदयता का धोखा 8. शिकारी के प्रेम में बँधे हुए 9. उड़ने की शक्ति 10. नाज की आकांक्षा 11. पलकें 12. फूलों से खेलने वाला 13. कटाक्ष 14. पूरी तरह सहन करने योग्य 15. सिर से पैर तक हाव-भाव प्रदर्शन 16. प्रकट 17. श्रद्धा और विनम्रता के मस्तिक से सिजदों की वर्षा 18. निर्धनों का सहायक 19. समाप्त 20. अफ़सोस 21. आशिक़ मिज़ाज

आह को चाहिए इक उम्र, असर होने तक
कौन जीता है तेरी जुल्फ़ के सर[1] होने तक
दामे हर मौज में है हलक़ये सद[2] काम-निहंग[3]
देखें क्या गुज़रे हैं क़तरे पे, गोहर[4] होने तक!
आशिक़ी सब्र तलब[5] और तमन्ना बेताब
दिल का क्या रंग करूँ ख़ूने जिगर होने तक!
हमने माना कि तग़ाफ़ुल[6] न करोगे, लेकिन
ख़ाक[7] हो जाएँगे हम, तुमको ख़बर होने तक
पर तवे ख़ुर[8] से है शबनम को फ़ना[9] की तालीम
मैं भी हूँ एक इनायत[10] की नज़र होने तक
यक नज़र बेश[11] नहीं फ़ुर्सते-हस्ती ग़ाफ़िल!
गर्मिये बज़्म है इक रक़्से-शरर[12] होने तक
ग़मे-हस्ती[13] का असद! किस से हो जुज़[14] मर्ग[15] इलाज
शमा हर रंग में जलती है सहर[16] होने तक

---

1. जीतना (प्रेम को सफल होने तक कौन जिएगा) 2. सैकड़ों 3. मगरमच्छ 4. मोती 5. धैर्य चाहता है 6. उपेक्षा 7. मिट्टी 8. सूरज का अक्स 9. नश्वरता 10. कृपा दृष्टि 11. एक नज़र से अधिक नहीं 12. चिनगारी का नृत्य 13. भव बाधा 14. सिवाय 15. मृत्यु 16. प्रातःकाल

वह फ़िराक़[1] और वह विसाल[2] कहाँ!
वह शब-ओ-रोज़-ओ-माह-ओ साल[3] कहाँ!
फ़ुर्सते कार-ओ-बारे शौक़ किसे!
ज़ौक़े - नज़्ज़ारये – जमाल[4] कहाँ!
दिल तो दिल, वह दिमाग़ भी न रहा
अब वह रानाइये ख़्याल[5] कहाँ!
ऐसा आसां नहीं लहू[6] रोना
दिल में ताक़त, जिगर में हाल कहाँ
हम से छूटा क़मार खानये-इश्क़[7]
वां जो जावें, गिरह में माल कहाँ
फ़िक्रे-दुनिया में सर खपाता हूँ
मैं कहाँ और यह वबाल कहाँ
मुज़्महिल[8] हो गए क़वा[9], 'ग़ालिब'!
वह अनासिर[10] में एतदाल[11] कहाँ!

---

1. वियोग 2. संयोग 3. रात, दिन, माह और साल 4. सौन्दर्य का तमाशा देखने का आनन्द 5. कल्पना या विचार का सौन्दर्य 6. ख़ून 7. प्रेम का जुआघर 8. शिथिल 9. शक्तियाँ 10. पंचतत्त्व 11. सन्तुलन

की वफ़ा हमसे, तो ग़ैर इसको जफ़ा[1] कहते हैं
होती आई है कि अच्छों को बुरा कहते हैं
आज हम अपनी परेशानिए ख़ातिर उनसे
कहने जाते तो हैं, पर देखिए क्या कहते हैं
अगले वक़्तों के हैं यह लोग, इन्हें कुछ न कहो
जो मय-ओ-नग़मा[2] को अन्दोह रुबा[3] कहते हैं
दिल में आ जाए है, होती है जो फ़ुर्सत ग़श[4] से
और फिर कौन से नाले[5] को रसा[6] कहते हैं?
है परे सरहदे-इदराक[7] से अपना मस्जूद[8]
क़िबले[9] को अह्‌ले नज़र[10] क़िबला नुमा कहते हैं
पाये-अफ़्गार[11] पे जब से मुझे रह्‌म आया है
ख़ारे रह[12] को तेरे हम मेह्‌र गिया[13] कहते हैं
इक शरर[14] दिल में है, उससे कोई घबराएगा क्या
आग मतलूब[15] है हमको, जो हवा कहते हैं
देखिए लाती है उस शोख़ की निख़्वत[16] क्या रंग
उसकी हर बात पे हम 'नामे ख़ुदा' कहते हैं
वहशत-ओ-शेफ़्ता अब मरसिया, कहवें शायद
'मर गया ग़ालिबे-आशुफ़्ता नवा'[17] कहते हैं

---

1. ज़ुल्म 2. मदिरा और संगीत 3. ग़म दूर करने वाला 4. बेहोशी 5. फरियाद 6. पहुँचने वाला 7. ज्ञान की सीमा 8. जिसे सिजदा किया जाए (ख़ुदा) 9. रहनुमा 10. पारखी 11. घायल पैर 12. रास्ते के काँटे 13. एक प्रकार की घास 14. चिनगारी 15. अभीष्ट 16. घमण्ड 17. मिथ्यावादी

जहाँ तेरा नक़्शे-क़दम देखते हैं
ख़याबाँ[1] ख़याबाँ इरम[2] देखते हैं
दिले आशुफ़्तगां[3] ख़ाले-कुंजे-दहन[4] के
सुवैदा[5] में सैरे-अदम[6] देखते हैं
तेरे सर्वेक़ामत[7] से, इक क़द्दे आदम[8]
क़यामत के फ़ितने को कम देखते हैं
तमाशा कि ऐ मह्वे[9] आइनादारी!
तुझे किस तमन्ना से हम देखते हैं
सुराग़े-तफ़े नाला[10] ले दाग़े दिल से
कि शब रब[11] का नक़्शे-कदम देखते हैं
बनाकर फ़क़ीरों का हम भेस ग़ालिब
तमाशाये अह्ले-करम[12] देखते हैं

---

1. क्यारी क्यारी 2. एक कल्पित कानन 3. उद्विग्न हृदय वाले प्रेमी 4. अधर के कोने का तिल 5. काला दाग़ 6. देवलोक का तमाशा 7. सरो नामक वृक्ष की भाँति ऊँचा क़द 8. ऊँचा क़द 9. लीन 10. आर्त्तनाद की तपन और द्रवणशीलता की खोज 11. रात का राही 12. कृपा करने वालों का तमाशा

हैरां हूँ दिल को रोऊं कि पीटूं जिगर को मैं
मक़्दूर[1] हो, तो साथ रखूँ नौहागर[2] को मैं
छोड़ा न रश्क[3] ने कि तेरे घर का नाम लूँ
हर इक से पूछता हूँ कि 'जाऊँ किधर को मैं?'
जाना पड़ा रक़ीब[4] के दर पर हज़ार बार
ऐ काश! जानता न तेरी रहगुज़र[5] को मैं
है क्या, जो कस के बांधिये? मेरी बला डरे
क्या जानता नहीं हूँ तुम्हारी कमर को मैं!
लो, वह भी कहते हैं कि ये 'बे नंग-ओ नाम है'
यह जानता अगर, तो लुटाता न घर को मैं
चलता हूँ थोड़ी दूर हर इक तेज़रौ[6] के साथ
पहचानता नहीं हूँ, अभी राहबर[7] को मैं
ख़्वाहिश को, अहमक़ों ने परस्तिश[8] दिया क़रार
क्या पूजता हूँ उस बुते बेदाद गर को मैं?
फिर बेख़ुदी में भूल गया राहे-कूये-यार[9]
जाता वगरना एक दिन अपनी ख़बर को मैं
अपने पे कर रहा हूँ क़यास[10] अह्ले-दह्र[11] का
समझा हूँ दिल पज़ीर[12] मताये हुनर[13] को मैं
ग़ालिब! ख़ुदा करे कि सवारे-समन्दे-नाज़[13]
देखूँ अली बहादुरे-आली गुहर[14] को मैं

---

1. सामर्थ्य 2. शोक करने वाला 3. ईर्ष्या 4. प्रतिद्वन्द्वी 5. जाने वाला रास्ता 6. तीव्रगामी 7. आकांक्षा 8. पूजा 9. महबूब की गली 10. अनुमान 11. दुनिया वाले 12. मनोहर, चित्ताकर्षक 13. गर्व के अश्व पर आरूढ़ 14. कुलीन अली बहादुर (ग़ालिब के रईस दोस्त)

नाला जुज़[1] हुस्ने तलब[2], ऐ सितम[3] ईजाद[4]! नहीं
है तक़ाज़ाये-जफ़ा[5], शिकवये-बेदाद[6] नहीं
इश्क़-ओ मज़्दूरिये-इश्रतगहे-खुसरो[7], क्या ख़ूब!
हमको तसलीम[8] निकोनामिये—फ़रहाद[9] नहीं
कम नहीं वह भी ख़राबी में, पवुस्अत[10] मालूम
दश्त[11] में है मुझे वह ऐश कि घर याद नहीं
अह्ले बीनिश[12] को, है तूफ़ाने हवादिस[13], मक्तब[14]
लुत्मये-मौज[15], कम अज़् सैलिये—उस्ताद[16] नहीं
वाये महरूमिये तस्लीम-ओ-बदा हाले-वफ़ा[17]!
जानता है कि हमें ताक़ते फ़रियाद नहीं
रंगे-तम्कीने-गुल-ओ-लाला[18] परीशां क्यों है?
गर[19] चराग़ाने-सरे-रह-गुज़रे-बाद[20] नहीं
सबदे गुल[21] के तले बन्द करे है गुल्चीं[22]
मुज़्दा ऐ मुर्ग़[23]! कि गुलज़ार में सैयाद नहीं
नफ़ी[24] से करती है इस्बात[25] तराविश[26] गोया
दी है जाये-दहन[27] उसको दमे ईजाद 'नहीं'
कम नहीं जलवा गरी में, तेरे कूचे से बहिश्त[28]
यही नक़्शा है, वले इस क़दर आबाद नहीं
करते किस मुँह से हो गुरबत[29] की शिकायत 'ग़ालिब'!
तुमको बे मेहूरिये—याराने-वतन[30] याद नहीं?

---

1. सिवाय 2. बिन माँगे माँगना 3. अत्याचार 4. आविष्कार 5. अत्याचार करने का तक़ाज़ा 6. अत्याचार की शिकायत 7. ख़ुसरो के विलास भवन की मज़दूरी और इश्क़ 8. मान्य 9. फ़रहाद की नेकनामी 10. विस्तार 11. जंगल 12. बुद्धिमान 13. विपत्तियों का तूफ़ान 14. जहाँ अनुभव प्राप्त हो 15. लहरों का थपेड़ा 16. गुरु के तमाचे से कम 17. हमारी स्वीकृति जो माशूक़ की कृपा से वंचित है और प्रेम निर्वाह की दुर्दशा हो रही है 18. फूलों के अहंकार का रंग 19. अगर 20. पवन के पथ के दीप 21. फूलों की टोकरी 22. फूल तोड़ने वाला 23. चिड़िया! तेरे लिए शुभ समाचार है 24. नकार 25. साकार 26. मानो निस्सृत हो रहा है 27. मुँह की जगह 28. जन्नत 29. निर्धनता 30. देश वासी मित्रों की बेवफ़ाई।

दोनों जहान[1] दे के वह समझे : यह ख़ुश रहा
यां आ पड़ी यह शर्म कि तकरार क्या करें

थक थक के, हर मक़ाम पे दो-चार रह गए
तेरा पता न पाएँ, तो नाचार क्या करें

क्या शमा के नहीं हैं हवा ख़्वाह अह्ले बज़्म[2]?
हो ग़म ही जांगुदाज़[3] तो ग़मख़्वार[4] क्या करें!

---

1. दोनों लोक 2. क्या महफ़िल वाले दीप शिखा के हमदर्द नहीं है 3. जान लेवा 4. हमदर्द।

यह हम जो हिज्र[1] में दीवार-ओ-दर को देखते हैं
कभी सबा[2] को, कभी नामाबर[3] को देखते हैं

वह आए घर में हमारे, ख़ुदा की क़ुदरत है!
कभी हम उनको, कभी अपने घर को देखते हैं

नज़र लगे न कहीं उसके दस्त-ओ-बाज़ू को
यह लोग क्यों मेरे ज़ख़्मे-जिगर को देखते हैं?

तेरे जवाहरे-तरफ़े-कुलह[4] को क्या देखें!
हम औजे-तालये-लाल-ओ गुहर[5] को देखते हैं

---

1. विरह 2. समीर हवा 3. पत्रवाहक 4. टोपी में टँके हुए रत्न 5. हीरे-मोती के भाग्य की ऊँचाई।

दायम[1] पड़ा हुआ तेरे दर[2] पर नहीं हूँ मैं
ख़ाक ऐसी ज़िन्दगी पे कि पत्थर नहीं हूँ मैं
क्यों गर्दिशे-मुदाम[3] से घबरा न जाए दिल?
इन्सान हूँ, पियाला-ओ-साग़र नहीं हूँ मैं
या रब! ज़माना मुझको मिटाता है किसलिए?
लौहे जहाँ[4] पे हर्फ़े मुकर्रर[5] नहीं हूँ मैं
हद[6] चाहिए सज़ा में अक़ूबत[7] के वास्ते
आख़िर गुनाहगार हूँ, काफ़िर नहीं हूँ मैं
किस वास्ते अज़ीज़ नहीं जानते मुझे?
लाल-ओ-ज़मुर्रद-ओ-जर, ओ-गौहर[8] नहीं हूँ मैं
रखते हो तुम क़दम मेरी आँखों से क्यों दरेग़[9]?
रुत्बे में मेह्र-ओ-माह[10] से कमतर नहीं हूँ मैं
करते हो मुझको मन्ये-क़दमबोस[11] किसलिए?
क्या आस्मान के भी बराबर नहीं हूँ मैं?
गालिब! वज़ीफ़ा ख़्वार[12] हो, दो शाह को दुआ
वह दिन गए कि कहते थे, "नौकर नहीं हूँ मैं।"

---

1. हमेशा 2. चौखट 3. हमेशा की परेशानी 4. संसार की सख़्ती 5. दूसरी बार लिखा हुआ अक्षर 6. सीमा 7. कष्ट, दुख 8. लाल, पन्ना, सोना और मोती। 9. संकोच, शोक 10. सूर्य, चन्द्र 11. पैर चूमने से मना करना 12. वृत्तिभोगी

सब कहाँ! कुछ लाल-ओ-गुल में नुमायां हो गईं
ख़ाक में, क्या सूरतें होंगी कि पिन्हां हो गईं!
याद थीं हम को भी रंगा रंग बज़्म-आराइयां[2]
लेकिन अब नक़्श-ओ-निगारे-ताक़े-निसियां[3] हो गईं
थीं बनातुन्नाशे-गर्दूं[4] दिन को पर्दे में निहां
शब[5] को उनके जी में क्या आई कि उरियां[6] हो गईं?
क़ैद में याक़ूब ने ली, गो, न यूसुफ़ की ख़बर
लेकिन आँखें रौज़ने-दीवारे-ज़िन्दां[7] हो गईं
सब रक़ीबों से हों नाख़ुश, पर ज़नाने मिस्र से
है जुलैख़ा ख़ुश, कि महवे-माहे-किन्आं[8] हो गईं
जूये ख़ूं आँखों से बहने दो कि है शामे फ़िराक़
मैं यह समझूँगा कि शम्ये दो फ़रोज़ां[9] हो गईं
इन परीज़ादों से लेंगे खुल्द[10] में हम इन्तेक़ाम
क़ुदरते हक़ से यही हूरें अगर वां हो गईं
नींद उसकी है, दिमाग़ उसका है, रातें उसकी हैं
तेरी ज़ुल्फ़ें जिसके बाज़ू पर परीशां हो गईं
मैं चमन में क्या गया, गोया दबिस्तां[11] खुल गया
बुलबुलें सुनकर मेरे नाले ग़ज़लख़्वां[12] हो गईं
वह निगाहें क्यों हुई जाती हैं यारब! दिल के पार?
जो, मेरी कोताहिये-क़िस्मत से, मिज़्गां हो गईं

1. विलीन 2. उल्लास और ऐश्वर्य की महफ़िलें सजाना 3. विस्मृति के ताक़ में सजे बेल-बूटे 4. आकाश गंगा 5. रात 6. निरावरण 7. कारागार की दीवारों के छेद 8. कनूआं (मिस्र) के चांद के सौन्दर्य से अभिभूत 9. प्रज्जवलित 10. स्वर्ग 11. पाठशाला 12. ग़ज़ल गाने वाला।

बस कि रोका मैंने और सीने में उभरी पै ब पै
मेरी आहें, बखियये चाके-गिरेबां हो गईं
वां गया भी मैं, तो उनकी गालियों का क्या जवाब
याद थीं, जितनी दुआयें, सर्फ़े-दर्बां[1] हो गईं
जांफ़िज़ा[2] है बादा[3], जिसके हाथ में जाम आ गया
सब लकीरें हाथ की, गोया, रगे जां हो गईं
हम मुवह्हिद[4] हैं, हमारा केश है तर्के-रसूम[5]
मिल्लतें[6] जब मिट गईं, अज्ज़ाये ईमां[7] हो गईं
रंज से ख़ूगर[8] हुआ इन्सां, तो मिट जाता है रंज
मुश्किलें मुझ पर पड़ीं इतनी कि आसां हो गईं
यूँ ही गर रोता रहा ग़ालिब, तो ऐ अह्ले जहाँ[9]!
देखना इन बस्तियों को तुम कि वीरां हो गईं

---

1. दबाने के लिए प्रयुक्त 2. आत्मा को आनन्दित करने वाली 3. मदिरा 4. एकेश्वरवादी 5. रीति-रिवाज का परित्याग 6. सम्प्रदाय, जाति 7. धर्म का अंग 8. आदी, अभ्यस्त 9. दुनिया वाले।

मज़े जहान के अपनी नज़र में ख़ाक[1] नहीं
सिवाये खूने जिगर, सो जिगर में ख़ाक नहीं
मगर गुबार हुए पर हवा उड़ा ले जाए
वगरना ताब-ओ-तवां[2] बाल-ओ-पर में ख़ाक नहीं
यह किस बहिश्त शमायल[3] की आमद आमद है?
कि ग़ैरे-जलवये-गुल[4], रहगुज़र में ख़ाक नहीं
भला उसे न सही, कुछ मुझी को रहम आता
असर मेरे नफ़से-बेअसर[5] में ख़ाक नहीं
ख़याले-जलवये-गुल[6] से ख़राब हैं मयकश[7]
शराबख़ाने के दीवार-ओ-दर में ख़ाक नहीं
हुआ हूँ, इश्क़ की ग़ारतगरी[8] से, शर्मिन्दा
सिवाये-हस्रते-तामीर[9], घर में ख़ाक नहीं
हमारे शेर हैं अब सिर्फ़, दिल्लगी के असद!
खुला कि फ़ायदा अर्ज़े हुनर[10] में ख़ाक नहीं

---

1. मिट्टी 2. शक्ति 3. अपरिमित सौन्दर्यमयी रूपसी 4. फूलों की छवि के सिवाय 5. प्रभावहीन आर्त्तनाद 6. फूलों के सौन्दर्य की कल्पना 7. मद्यप 8. लूटमार 9. निर्माण की अभिलाषा 10. कला प्रदर्शन।

दिल ही तो है, न संग-ओ-ख़िश्त[1], दर्द से भर न आये क्यों?
रोएँगे हम हज़ार बार, कोई हमें सताये क्यों
दैर[2] नहीं, हरम[3] नहीं, दर नहीं, आस्तां[4] नहीं
बैठे हैं रहगुज़र पे हम कोई हमें उठाए क्यों?
जब वह जमाले-दिलफ़रोज़[5], सूरते-मेहूरे-नीमरोज़[6]
आप ही हो नज़ारा सोज़, पर्दे में मुँह छिपाए क्यों?
दश्नये ग़म्ज़ा[7] जासितां[8] नावके-नाज़ बेपनाह[9]
तेरा ही अक्से रुख़ सही, सामने तेरे आए क्यों
क़ैदे-हयात-ओ-बन्देग़म[10], अस्ल में दोनों एक हैं
मौत से पहले, आदमी ग़म से निजात पाए क्यों?
हुस्न और उस पे हुस्ने ज़न[11], रह गई बुलहवस[12] की शर्म
अपने पे एतमाद[13] है, ग़ैर को आज़माये क्यों
वां वह गुरूरे इज़्ज़-ओ-नाज़[14] यां यह हिजाबे-पासे-वज़आ[15]
राह में हम मिलें कहाँ, बज़्म में वह बुलाये क्यों
हाँ, वह नहीं ख़ुदा परस्त[16], जावो, वह बेवफ़ा सही
जिसको हो दीन-ओ-दिल अज़ीज़[17], उसकी गली में जाये क्यों?
ग़ालिबे-ख़स्ता[18] के बग़ैर कौन से काम बन्द हैं
रोइये ज़ार ज़ार[19] क्या? कीजिए हाय हाय क्यों?

---

1. ईंट और पत्थर 2. देवालय 3. काबा 4. चौखट 5. मन को प्रकाशित करने वाला रूप 6. दोपहर के सूर्य की तरह, 7. सैन कटारी 8. जानलेवा 9. सौन्दर्याभिमान का तीर भयंकर है 10. जीवन-कारा और दुख बन्धन 11. सद्विचार 12. अत्याकांक्षी, इन्द्रियलोलुप 13. विश्वास 14. अपनी शान का अभिमान 15. यह संकोच कि अपनी रीति कैसे छोड़ें 16. खुदा को मानने वाला 17. धर्म और स्वत्व प्रिय हो 18. दुर्दशा ग्रस्त 'ग़ालिब' 19. फूट-फूटकर।

किसी को दे के दिल, कोई नवा संजे-फ़ुग़ां[1] क्यों हो?
न हो जब दिल की सीने में, तो फिर मुँह में ज़बाँ क्यों हो?
वह अपनी ख़ू[2] न छोड़ेंगे, हम अपनी वज़्अ[3] क्यों छोड़ें?
सुबुक सर[4] बन के क्या पूछें कि, हम से सरगिरां[5] क्यों हो?
किया ग़मख़्वार ने रुस्वा, लगे आग इस मुहब्बत को!
न लावे ताब जो ग़म की, वह मेरा राज़दां क्यों हो?
वफ़ा कैसी? कहाँ का इश्क़? जब सर फोड़ना ठहरा
तो फिर ऐ संगदिल! तेरा ही संगे-आस्तां[6] क्यों हो?
यह कह सकते हो 'हम दिल में नहीं हैं?' पर यह बतलाओ
कि जब दिल में तुम्हीं तुम हो, तो आँखों से निहां क्यों हो?
ग़लत हैं, जज़्बे-दिल का शिकवा; देखो, जुर्म किसका है!
न खींचो गर तुम अपने को, कशाकश[11] दरमियाँ क्यों हो?

---

1. आर्त्तनाद का स्वर पैदा करने वाला 2. रहन-सहन 3. रीति 4. अपमानित 5. अप्रसन्न 6. द्वार का पत्थर 7. पिंजरा 8. उद्यान का हाल 9. साथी 10. घोंसला 11. खींचातानी, संघर्ष।

यह फ़ितना[1] आदमी की ख़ाना वीरानी[2] को क्या कम है?
हुए तुम दोस्त जिसके, दुश्मन उसका आस्मां क्यों हो?

यही है आज़माना, तो सताना किसको कहते हैं?
अदू[3] के हो लिए जब तुम, तो मेरा इम्तहाँ क्यों हो?

कहा तुमने कि, "क्यों हो ग़ैर के मिलने में रुस्वाई?"
बजा कहते हो, सच कहते हो, फिर कहियो कि, "हाँ क्यों हो?"

निकाला चाहता है काम क्या तानों से तू, 'ग़ालिब'!
तेरे बेमेहर[4] कहने से, वह तुझ पर मेहरबां क्यों हो?

---

1. उपद्रव 2. घर उजाड़ने के लिए 3. शत्रु 4. दया भाव से वंचित।

रहिये अब ऐसी जगह चलकर, जहाँ कोई न हो
हम-सुख़न[1] कोई न हो और हमज़बां[2] कोई न हो

बे दर-ओ-दीवार सा इक घर बनाना चाहिए
कोई हमसाया[3] न हो और पास्बां[4] कोई न हो

पड़िये गर बीमार, तो कोई न हो तीमारदार[5]
और अगर मर जाइये, तो नौहा ख़्वां[6] कोई न हो

---

1. बात करने वाला 2. अपनी भाषा बोलने वाला 3. पड़ोसी 4. प्रहरी 5. इलाज करने वाला 6. रोने वाला।

ग़मे दुनिया से, गर पाई भी फ़ुर्सत सर उठाने की
फ़लक[1] का देखना, तक़रीब[2] तेरे याद आने की
खुलेगा किस तरह मज़्मूं[3] मेरे मक्तूब[4] का यारब!
क़सम खाई है उस काफ़िर ने काग़ज़ के जलाने की
लिपटना परनियाँ[5] में शोलये-आतिश[6] का आसां है
वले[7] मुश्किल है हिक्मत[8] दिल में सोज़े-ग़म[9] छिपाने की
उन्हें मन्ज़ूर अपने ज़ख़्मियों का देख आना था
उठे थे सैरे गुल को, देखना शोख़ी बहाने की
हमारी सादगी थी इल्तेफ़ाते-नाज़[10] पर मरना
तेरा आना न था, ज़ालिम! मगर तम्हीद[11] जाने की
लकद-कोबे-हवादिस[12] का तहम्मुल[13] कर नहीं सकती
मेरी ताक़त की ज़ामिन थी बुतों के नाज़ उठाने की
कहूँ क्या ख़ूबिये-औज़ाये-अबनाये-ज़मां[14] ग़ालिब
बदी की उसने, जिससे हमने की थी बारहा नेकी

1. आकाश 2. कारण, सिलसिला 3. लेख 4. पत्र 5. महीन रेशमी वस्त्र 6. अग्नि ज्वाला 7. लेकिन 8. उपाय 9. संताप 10. सौन्दर्य (माशूक़) की कृपा 11. आरम्भ 12. दुर्घटनाओं की ठोकरें 13. बर्दाश्त 14. ज़माने वालों के रंग ढंग की अच्छाई (व्यंग है)।

इश्क़ मुझको नहीं, वहशत[1] ही सही
मेरी वहशत, तेरी शोहरत ही सही
क़त्आ[2] कीजे न तअल्लुक़ हम से
कुछ नहीं है, तो अदावत[3] ही सही
मेरे होने में है क्या रुस्वाई?
ऐ वह मजलिस नहीं, ख़लवत[4] ही सही
हम भी दुश्मन तो नहीं हैं अपने!
ग़ैर को तुझसे मुहब्बत ही सही
अपनी हस्ती ही से हो, जो कुछ हो
आगही[5] गर नहीं गफ़लत[6] ही सही
उम्र हर चन्द[7] कि है बर्क़-ख़िराम[8]
दिल के ख़ूँ करने की फ़ुर्सत ही सही
हम कोई तर्के-वफ़ा करते हैं!
न सही इश्क़, मुसीबत ही सही
कुछ तो दे ऐ फ़लके-ना-इन्साफ़[9]!
आह-ओ-फ़रियाद की रुख़्सत ही सही
हम भी तस्लीम[10] की ख़ू[11] डालेंगे
बेन्याज़ी[12] तेरी आदत की सही
यार से छेड़ चली जाए असद!
गर नहीं वस्ल[13], तो हसरत[14] ही सही

---

1. उन्माद 2. समाप्त करना 3. दुश्मनी 4. एकान्त 5. चेतना, सूझ-बूझ 6. उपेक्षा 7. यद्यपि 8. वेग गामी 9. अन्यायपूर्ण आकाश 10. स्वीकृति 11. आदत 12. निस्पृहता 13. मिलन 14. अपूर्ण कामना।

देखना क़िस्मत कि आप अपने पे रश्क[1] आ जाए है
मैं उसे देखूँ, भला कब मुझसे देखा जाए है!
हाथ धो दिल से, यही गर्मी गर अन्देशे में है
आब्गीना[2] तुन्दिये-सह्बा[3] से पिघला जाए है
ग़ैर को, यारब! वह क्यों कर मन्ये-गुस्ताख़ी[4] करे?
गर हया भी उसको आती है, तो शर्मा जाए है
शौक़ को यह लत कि हरदम नाला खींचे जाइए
दिल की वह हालत कि दम लेने से घबरा जाए है
दूर चश्मे-बद[5] तेरी बज़्मे-तरब[6] से, वाह वाह!
नग़मा[7] हो जाता है, वां गर नाला[8] मेरा जाए है
गर चे है तर्ज़े-तग़ाफ़ुल[9] पर्दा दारे-राज़े-इश्क़[10]
पर हम ऐसे खोए जाते हैं कि वह पा जाए है
उसकी बज़्म आराइयाँ[11] सुनकर, दिले रंजूर[12], यां
मिस्ले-नक़्शे-मुद्दआये–ग़ैर[13] बैठा जाए है
होके आशिक़, वह परी रुख़[14] और नाज़ुक बन गया
रंग खुलता जाए है, जितना कि उड़ता जाए है
नक़्श को उसके, मुसव्विर[15] पर भी क्या-क्या नाज़ हैं!
खींचता है जिस क़दर, उतना ही खिंचता जाए है
साया मेरा, मुझसे मिस्ले-दूद[16] भागे है असद!
पास मुझ आतिश बजां[17] के किससे ठहरा जाए है

---

1. ईर्ष्या 2. शीशे का पात्र (दिल) 3. शराब की तेज़ी, गर्मी 4. धृष्टता के लिए मना करना 5. बुरी आँख 6. हर्ष और ऐश्वर्य की महफिल 7. गीत 8. आर्त्तनाद 9. उपेक्षा करने का ढंग 10. प्रेम के भेद को छिपाने वाला 11. उल्लास की महफ़िल सजाना 12. दुखी मन 13. जैसे प्रतिद्वन्द्वी के उद्देश्य का नक़्शा माशूक़ के दिल पर बैठता है, वैसे ही मेरा दुखी मन बैठा जाता है, 14. खूबसूरत परी चेहरा 15. चित्रकार 16. धुएँ की तरह 17. जिसके दिल में आग लगी हो।

दिल से तेरी निगाह जिगर तक उतर गई
दोनों को इक अदा में रज़ामन्द कर गई
शक़[1] हो गया है सीना, ख़ुरशा लज़्ज़ते-फ़िराग़[2]!
तकलीफ़े पर्दादारिये ज़ख़्मे जिगर गई
वह बादये-शबाना[3] की सरमस्तियाँ कहाँ!
उठिये बस अब कि लज़्ज़ते-ख़्वाबे-सहर[4] गई
उड़ती फिरे है ख़ाक मेरी कूयेयार[5] में
बारे[6] अब ऐ हवा! हवसे-बाल-ओ-पर[7] गई
देखो तो दिल फ़रेबियो-अन्दाज़े-नक़्शे पा[8]
मौजे ख़िरामे यार[9] भी क्या गुल कतर गई![10]
हर बुलहवस[11] ने हुस्न परस्ती[12] शेआर की[13]
अब आबरूये-शेवये–अह्ले-नज़र[14] गई
नज़्ज़ारे ने भी काम किया वां नक़ाब का
मस्ती से हर निगह् तेरे रुख़ पर बिखर गई
फ़र्दा-ओ-दी[15] का तफ़्रिक़ा[16] यक बार मिट गया
कल तुम गए कि हम पे क़यामत गुज़र गई
मारा ज़माने ने असद उल्लाह ख़ाँ तुम्हें
वह वलवले[17] कहाँ, वह जवानी किधर गई?

---

1. विदीर्ण 2. मुक्ति के आनन्द का क्या कहना 3. रात की शराब 4. प्रातःकालीन निद्रा का आनन्द 5. माशूक़ की गली 6. आख़िरकार 7. उड़ने की इच्छा 8. पद्‌चिन्ह का सौन्दर्य 9. माशूक़ की मन्थर गति की तरंग 10. फूल बिखेर गई 11. नितान्त लोभी, लोलुप 12. सौन्दर्योपासना 13. अपनाई 14. मर्मज्ञों के आचार व्यवहार का सम्मान 15. बीता हुआ तथा आने वाला कल 16. फ़र्क़ अन्तर 17. उमंगें

कोई दिन गर ज़िन्दगानी और है
अपने जी में हमने ठानी और है
आतिशे-दोज़ख़[1] में यह गर्मी कहाँ?
सोज़े-ग़म-हाये-निहानी[2] और है
बारहा देखी हैं उनकी रंजिशें
पर कुछ अबके सरगरानी[3] और है
देके ख़त, मुँह देखता है नामा बर[4]
कुछ तो पैग़ामे ज़बानी और है
क़ातेए-आमार[5] हैं अक्सर नुजूम[6]
वह बलाये आस्मानी और है
हो चुकीं 'ग़ालिब'! बलायें सब तमाम
एक मर्गे-नागहानी[7] और है

1. नर्क की अग्नि 2. आन्तरिक सन्ताप की जलन 3. अप्रसन्नता 4. पत्र लाने वाला 5. उम्र को काटने वाले (जान लेने वाले) 6. नक्षत्र 7. आकास्मिक मृत्यु।

कोई उम्मीद बर नहीं आती
कोई सूरत नज़र नहीं आती
मौत का एक दिन मुअइयन[1] है
नींद क्यों रात भर नहीं आती
आगे आती थी हाले दिल पे हँसी
अब किसी बात पर नहीं आती
जानता हूँ सवाबे-ताअत-ओ-ज़ुहद[2]
पर तबीयत इधर नहीं आती
है कुछ ऐसी ही बात, जो चुप हूँ
वरना क्या बात कर नहीं आती
क्यों न चीख़ूँ कि याद करते हैं
मेरी आवाज़ गर नहीं आती
दाग़े दिल, गर नज़र नहीं आता
बू भी ऐ चारागर[3] नहीं आती?
हम वहाँ हैं, जहाँ से हमको भी
कुछ हमारी ख़बर नहीं आती
मरते हैं आरज़ू में मरने की
मौत आती है, पर नहीं आती
काबे किस मुँह से जाओगे ग़ालिब
शर्म तुमको मगर नहीं आती!

---

1. निश्चित है 2. वन्दना और वैराग्य का पुण्य 3. उपचार करने वाला

दिले नादां! तुझे हुआ क्या है?
आख़िर इस दर्द की दवा क्या है?
हम हैं मुश्ताक़[1] और वह बेज़ार[2]
या इलाही! यह माजरा क्या है?
मैं भी मुँह में ज़बान रखता हूँ
काश! पूछो कि 'मुद्दआ क्या है?'
जबकि तुझ बिन नहीं कोई मौजूद
फिर यह हंगामा ऐ ख़ुदा, क्या है?
यह परी चेहरा[3] लोग कैसे हैं?
ग़म्ज़ा-ओ-इश्वा-ओ-अदा[4] क्या है?
शिकने ज़ुल्फ़े-अम्बरीं[5] क्यों है?
निगहे चश्मे सुरमा सा[6] क्या है?
सब्ज़-ओ-गुल[7] कहाँ से आए हैं?
अब्र[8] क्या चीज़ है? हवा क्या है?
हम को उनसे वफ़ा की है उम्मीद
जो नहीं जानते वफ़ा क्या है?
"हाँ भला कर, तेरा भला होगा"
और दरवेश[9] की सदा क्या है?
जान तुम पर निसार[10] करता हूँ
मैं नहीं जानता, दुआ क्या है
मैंने माना कि कुछ नहीं ग़ालिब
मुफ़्त हाथ आए, तो बुरा क्या है

---

1. उत्सुक 2. रुष्ट, असन्तुष्ट 3. अप्सरा जैसी सुन्दरियाँ 4. सैन और हाव-भाव 5. अम्बर सुरभित अलकों के बल 6. सुरमा लगे नयनों की चितवन 7. हरियाली और फूल 8. बादल 9. फ़क़ीर 10. न्यौछावर

हुस्ने मह्[1] गर चे ब हंगामे कमाल[2] अच्छा है
उससे मेरा महे-ख़ुर्शीद जमाल[3] अच्छा है
बोसा देते नहीं और दिल पे है हर लहज़ा निगाह
जी में कहते हैं कि 'मुफ़्त आए, तो माल अच्छा है'
और बाज़ार से ले आए, अगर टूट गया
साग़रे-जम[4] से मेरा जामे-सिफ़ाल[5] अच्छा है
बे तलब[6] दें, तो मज़ा उसमें सिवा मिलता है
वह गदा[7], जिसको न हो ख़ूये-सवाल[8], अच्छा है
उनके देखे से जो आ जाती है मुँह पर रौनक़
वह समझते हैं कि बीमार का हाल अच्छा है
देखिए, पाते हैं उश्शाक़[9] बुतों से क्या फ़ैज़[10]!
इक ब्रहमन ने कहा है कि, 'यह साल अच्छा है'
हम-सुख़न[11] तीशे[12] ने फर्हाद को शीरीं से किया
जिस तरह का कि किसी में हो कमाल, अच्छा है
क़तरा दरिया में जो मिल जाए, तो दरिया हो जाए
काम अच्छा है वह, जिसका कि मआल[13] अच्छा है
ख़िज़्रे सुल्तां [14] को रखे ख़ालिक़े अकबर[15] सर सब्ज़[16]
शाह के बाग में यह ताज़ा निहाल[17] अच्छा है
हम को मालूम है जन्नत की हक़ीक़त, लेकिन
दिल के ख़ुश रखने को 'ग़ालिब'! यह ख़्याल अच्छा है

1. चन्द्रमा का सौन्दर्य 2. पूर्णिमा के समय 3. सूर्य की आभा से युक्त चाँद 4. प्राचीन ईरान के महान सम्राट जमशेद का मधुपात्र जो प्रसिद्ध है 5. मिट्टी का मधुपात्र 6. बिन माँगे 7. भिखारी 8. माँगने की आदत 9. आशिक़ का बहुवचन 10. लाभ 11. समान भाषी 12. कुदाल 13. परिणाम 14. बहादुरशाह के बेटे का नाम 15. ख़ुदा 16. तन्दुरुस्त, स्वस्थ 17. नया पौधा।

हर एक बात पे कहते हो तुम कि "तू क्या है?"
तुम्हीं कहो कि यह अन्दाज़े गुफ़्तगू[1] क्या है?
न शोले में यह करिश्मा[2], न बर्क़[3] में यह अदा
कोई बताओ कि वह शोख़े-तुन्दख़ू[4] क्या है?
यह रश्क है कि वह होता है हम-सुख़न[5] तुमसे
वगरना ख़ौफ़े-बद-आमोज़िये-अदू[6] क्या है
चिपक रहा है बदन पर लहू से पैराहन[7]
हमारे जैब को अब हाजते रफ़ू क्या है
जला है कि जिस्म जहाँ, दिल भी जल गया होगा!
कुरेदते हो जो अब राख, जुस्तुजू[8] क्या है
रगों में दौड़ते फिरने के हम नहीं क़ायल
जब आँख से ही न टपका, तो फिर लहू क्या है?
वह चीज़, जिसके लिए हम को हो बहिश्त[9] अज़ीज़
सिवाये बादये-गुलफ़ाम-ओ-मुश्कबू[10], क्या है
पियूँ शराब, अगर खुम[11] भी देख लूँ दो-चार
यह शीशा-ओ क़दह-ओ-कूज़ा-ओ-सुबू[12] क्या है
रही न ताक़ते-गुफ़्तार[13] और अगर हो भी
तो किस उमीद पे कहिये कि आरज़ू क्या है!
हुआ है शह[14] का मुसाहिब[15], फिरे है इतराता
वगरना शहर में 'ग़ालिब' की आबरू क्या है?

---

1. बात करने का ढंग 2. कारगुज़ारी 3. बिजली 4. तेज़ स्वभाव वाला माशूक़ 5. समान भाषी 6. शत्रु के सिखाने बुझाने का डर 7. वस्त्र 8. तलाश 9. स्वर्ग 10. कस्तूरी की तरह सुगन्धित और फूल की तरह रंगीन मदिरा 11. मधु कलश 12. बोतल, प्याला, मधुपात्र और मधु कलश 13. बोलने की शक्ति 14. बादशाह 15. सभासद।

नुक्ताचीं[1] है, ग़मे दिल उसको सुनाए न बने
क्या बने बात, जहाँ बात बनाए न बने
मैं बुलाता तो हूँ उसको, मगर ऐ जज़्बये दिल[2]!
उस पे बन जाए कुछ ऐसी कि बिन आए न बने
खेल समझा है; कहीं छोड़ न दे, भूल न जाए
काश! यूँ भी हो कि बिन मेरे सताये न बने
ग़ैर फिरता है लिए यूँ तेरे ख़त को कि अगर
कोई पूछे कि यह क्या है? तो छुपाए न बने
इस नज़ाकत का बुरा हो, वह भले हैं भी तो क्या
हाथ आवें, तो उन्हें हाथ लगाए न बने
कह सके कौन कि यह जलवागरी[3] किसकी है!
पर्दा छोड़ा है वह उसने कि उठाए न बने
मौत की राह न देखूँ? कि बिन आए न रहे
तुम को चाहूँ? कि न आवो, तो बुलाए न बने
बोझ वह सर से गिरा है कि उठाए न उठे
काम वह आन पड़ा है कि बनाए न बने
इश्क़ पर ज़ोर नहीं, है यह वह आतिश[4] 'ग़ालिब'!
कि लगाए न लगे और बुझाए न बने

1. हर बात में दोष निकालने वाला 2. मनोभाव 3. छवि प्रकट करने की जादूगरी 4. आग

कभी नेकी भी उसके जी में गर आ जाए है मुझसे
जफ़ाएँ कर के अपनी याद, शर्मा जाए है मुझसे
ख़ुदाया! जज़्बये दिल[1] की मगर तासीर उल्टी है?
कि जितना खींचता हूँ और खिंचता जाए है मुझसे
वह बद ख़ू[2] और मेरी दास्ताने इश्क़ तूलानी[3]
इबारत मुख़्तसर[4], क़ासिद[5] भी घबरा जाए है मुझसे
उधर वह बदगुमानी है, इधर यह नातवानी[6] है
न पूछा जाए है उससे, न बोला जाए है मुझसे
सँभलने दे मुझे ऐ नाउमीदी! क्या क़यामत है!
कि दामाने-ख़याले-यार[7] छूटा जाए है मुझसे
तकल्लुफ़ बरतरफ़, नज़्ज़ारगी[8] में भी सही, लेकिन
वह देखा जाए, कब यह ज़ुल्म देखा जाए है मुझसे
हुए हैं पाँव ही पहले नबर्दे-इश्क़[9] में ज़ख़्मी
न भागा जाए है मुझसे, न ठहरा जाए है मुझसे
क़यामत है कि होवे मुद्दई[10] का हमसफ़र, 'ग़ालिब'!
वह काफ़िर जो ख़ुदा को भी न सौंपा जाए है मुझसे

---

1. मन का भाव 2. बद्‌मिज़ाज़ 3. प्रेमकथा लम्बी है 4. संक्षेप में 5. सन्देश वाहक 6. निर्बलता 7. मित्र की कल्पना का दामन 8. दर्शन करना 9. प्रेम का संघर्ष 10. दावा करने वाले।

इब्ने मरियम[1] हुआ करे कोई
मेरे दुख की दवा करे कोई
शर-ओ-आईन[2] पर मदार[3] सही
ऐसे क़ातिल का क्या करे कोई?
चाल, जैसे कड़ी कमान का तीर
दिल में ऐसे के जा[4] करे कोई
बात पर वां ज़बान कटती है
वह कहें और सुना करे कोई
बक रहा हूँ, जुनूँ[5] में क्या-क्या कुछ!
कुछ न समझे ख़ुदा करे कोई
न सुनो, गर बुरी कहे कोई
न कहो, गर बुरा करे कोई
रोक लो, गर ग़लत चले कोई
बख़्श दो, जो नहीं है हाजत्मन्द[6]?
किसकी हाजत रवा[7] करे कोई?
क्या किया ख़िज्र[8] ने सिकन्दर से!
अब किसे रहनुमा[9] करे कोई?
जब तवक़्क़ो[10], ही उठ गई 'ग़ालिब'!
क्यों किसी का गिला[11] करे कोई?

---

1. मरियम का बेटा, ईसा (ईसा मुर्दों को ज़िन्दा और रोगियों को अच्छा कर देते थे) 2. धार्मिक नियम और संविधान 3. निर्भर नहीं 4. जगह 5. उन्माद 6. ज़रूरतमन्द 7. ज़रूरत पूरी करे 8. एक पैग़म्बर जो अमर हैं और भूले भटकों को राह दिखाते हैं 9. नेता 10. उम्मीद 11. शिकायत

हज़ारों ख़्वाहिशें[1] ऐसी कि हर ख़्वाहिश पे दम निकले
बहुत निकले मेरे अरमान, लेकिन फिर भी कम निकले
डरे क्यों मेरा क़ातिल? क्या रहेगा उसकी गर्दन पर
वह ख़ूं, जो चश्मे तर से उम्र भर यूँ दम ब दम निकले!
निकलना खुल्द से आदम का सुनते आए हैं, लेकिन
बहुत बे आबरू[3] होकर तेरे कूचे से हम निकले
भरम खुल जाए ज़ालिम! तेरे क़ामत की दराज़ी[4] का
अगर इस तुर्रये-पुरपेच-ओ-ख़म का पेच-ओ-ख़म[5] निकले
अगर लिखवाये कोई उसको ख़त, तो हमसे लिखवाये
हुई सुबह, और घर से कान पर रखकर क़लम निकले
हुई इस दौर में मन्सूब मुझसे बादा आशामी[6]
फिर आया वह ज़माना, जो जहाँ में जामे जम[7] निकले
हुई जिनसे तवक़्क़ो[8] ख़स्तगी[9] की दाद पाने की
वह हमसे भी ज़्यादा ख़स्तये-तेग़े-सितम[10] निकले
मुहब्बत में नहीं है फ़र्क़ जीने और मरने का
उसी को देखकर जीते हैं, जिस काफ़िर पे दम निकले
कहाँ मयख़ाने का दरवाज़ा 'ग़ालिब' और कहाँ वाएज़[11]
पर इतना जानते हैं, कल वह जाता था कि हम निकले

---

1. कामनाएँ 2. भीगी आँख 3. अपमानित 4. क़द की ऊँचाई 5. बल खाए हुए बालों का बल 6. मदिरा पान 7. जमशेद का मधुपात्र 8. आशा 9. घायल होने का भाव 10. अत्याचार की तलवार से घायल 11. धर्मोपदेशक।

ग़म ख़ाने में बोदा दिले नाकाम बहुत है
यह रंज कि कम है मये गुलफ़ाम[1], बहुत है
कहते हुए साक़ी से हया[2] आती है, वरना
है यूँ कि मुझे दुर्दे-तहे-जाम[3] बहुत है
नै तीर कमाँ में है, न सइयाद[4] कमीं[5] में
गोशे में क़फ़स[6] के मुझे आराम बहुत है
क्या जोहृद[7] को मानूँ कि न हो गर चे रियाई[8]
पादाशे अमल[9] की तमचे ख़ाम[10] बहुत है
हैं अहले-ख़िरद[11] किस रविशे-ख़ास[12] पे नाज़ाँ
पाबस्तगीये-रस्म-ओ-रहे आम[13] बहुत है
ज़मज़म[14] ही पे छोड़ो, मुझे क्या तौफ़े हरम[15] से?
आलूदा ब मय[16] जामये-अहराम[17] बहुत है
है क़हर[18] गर अब भी न बने बात कि उनको
इन्कार नहीं और मुझे इब्राम[19] बहुत है
ख़ूं होके जिगर आँख से टपका नहीं, ऐ मर्ग!
रहने दे मुझे यां कि अभी काम बहुत है
होगा कोई ऐसा भी कि 'ग़ालिब' को न जाने?
शायर तो वह अच्छा है, प बदनाम बहुत है

---

1. गुलाबी मदिरा 2. लज्जा 3. मधु पात्र की तली में बैठी हुई तलछट 4. शिकारी 5. घात 6. पिंजरा 7. संयम, निस्पृहता 8. ढोंगी 9. कर्मफल 10. लालच 11. बुद्धिमान 12. विशेष रीति 13. सामान्य रीति-रिवाज का बन्धन 14. काबे के पास एक पवित्र कुआँ जिसका पानी हज़ यात्री पीते हैं। 15. काबे की परिक्रमा 16. शराब से भीगा हुआ 17. काबे की परिक्रमा करते समय पहना जाने वाला वस्त्र 18. प्रकोप, विपत्ति 19. आग्रह

मुद्दत हुई है, यार को मेहमां किए हुए
जोशे क़दह[1] से, बज़्म चराग़ां[2] किए हुए
करता हूँ जमा फिर जिगरे लख़्त लख़्त[3] को
अर्सा हुआ है दावते मिज़्गां[4] किए हुए
फिर वज़ये-एहतियात[5] से रुकने लगा है दम
बरसों हुए हैं चाक गिरेबां किए हुए
फिर गर्मे नाला[6] हाये शररबार[7] है नफ़स[8]
मुद्दत हुई है सैरे चराग़ाँ किए हुए
फिर पुरसिशे-जराहते-दिल[9] को चला है इश्क़
सामाने सद हज़ार नमकदां किए हुए
बाहम दिगर[10] हुए हैं दिल-ओ-दीदा फिर रक़ीब
नज़्ज़ारा-ओ-ख़याल का सामां किए हुए
फिर शौक़ कर रहा है ख़रीदार की तलब
अर्ज़े'मताअे-अक़्ल-ओ-दिल-ओ-जां[11] किए हुए
दौड़े है फिर हर एक गुल-ओ-लाला पर ख़याल
सद् गुलसितां निगाह का सामां किए हुए
फिर चाहता हूँ नामये-दिलदार[12] खोलना
जां नज़्रे दिल-फ़रेबिये-उन्वां[13] किए हुए
माँगे है फिर किसी को लबे-बाम[14] पर हवस
जुल्फ़े स्याह रुख़ पे परीशां किए हुए

---

1. प्यालों की अधिकता 2. दीपोत्सव 3. टुकड़े-टुकड़े जिगर 4. माशूक़ की पलकों की दावत 5. सावधानी की रीति 6. आग बरसाने वाला आर्त्तनाद 7. लीन 8. साँस 9. दिल के ज़ख़्म का हाल पूछने के लिए 10. आपस में 11. बुद्धि, मन और प्राण की सम्पत्ति का समर्पण 12. माशूक़ का पत्र 13. शीर्षक की सुन्दरता को भेंट 14. छज्जे पर।

चाहे है फिर किसी को मुक़ाबिल में आरज़ू
सुर्मे से तेज़ दश्नये-मिज़्गां[1] किए हुए

इक नौ बहारे-नाज़[2] को ताके है फिर निगाह
चेहरा फ़रोगे-मय[3] से गुलिस्ताँ[4] किए हुए

फिर जी में है कि दर पे किसी के पड़े रहें
सर ज़ेरे-बारे-मिन्नते-दरबाँ[5] किए हुए

जी ढूँढ़ता है फिर वही फ़ुर्सत के रात दिन
बैठे रहें, तसव्वरे-जानां[6] किए हुए

ग़ालिब! हमें न छेड़ कि फिर जोशे-अश्क[7] से
बैठे हैं हम तहइयये-तूफ़ाँ[8] किए हुए

---

1. पलकों के भीतर 2. नवयौवन के रंगों से लहलहाता रूप 3. शराब की दमक 4. बाग़, उपवन 5. दरबान के उपकार से दबा हुआ 6. माशूक़ की कल्पना 7. आँसुओं का उबाल 8. तूफ़ान का दृढ़ निश्चय।

अश्आर

दहर[1] में नक़्शे-वफ़ा[2] वजहे-तसल्ली[3] न हुआ
है यह वह लफ़्ज़ कि शर्मिन्दये-मानी[4] न हुआ

मैंने चाहा था कि अन्दोहे-वफ़ा[5] से छूटूँ
वह सितमगर[6] मेरे मरने पे भी राज़ी न हुआ

किस से महरूमिये-क़िस्मत[7] की शिकायत कीजे
हमने चाहा था कि मर जाएँ, सो वह भी न हुआ

✡

है कहाँ तमन्ना का दूसरा क़दम या रब?
हमने दश्ते-इम्कां को एक नक़्शे पा पाया

✡

1. दुनिया 2. वफ़ा की तस्वीर 3. सन्तोष का कारण 4. सार्थक 5. वफ़ा की मुसीबत 6. माशूक़
7. भाग्यहीनता

बन्दगी[1] में भी वह आजाद-ओ-खुदबीं[2] हैं कि हम
उल्टे फिर आए दरे-काबा[3] अगर वा[4] न हुआ

क़तरे में दजला[5] दिखाई न दे और जुज़्व[6] में कुल[7]
खेल लड़कों का हुआ, दीदये-बीना[8] न हुआ

थी ख़बर गर्म कि 'ग़ालिब' के उड़ेंगे पुर्ज़े
देखने हम भी गए थे, प तमाशा न हुआ

✡

हमने वहशत कदये बज़्मे जहां में, जूँ शम्आ
शोलये इश्क़ को अपना सर-ओ-सामां समझा

✡

1. इबादत, आराधना 2. मनमौजी और अभिमानी 3. क़ाबे का द्वार 4. खुला हुआ 5. इराक की एक नदी का नाम 6. अंश 7. समष्टि 8. नयन, दृष्टि

हिनाये-पाये-ख़िज़ां[1] है, बहार अगर है यही
दवामे-कुलफ़ते ख़ातिर[2] है, ऐश दुनिया का

ग़मे-फ़िराक़[3] में तकलीफ़े-सैरे-बाग़[4] न दो
मुझे दिमाग़ नहीं ख़न्दा हाये-बेजा[5] का

फ़लक को देख के, करता हूँ उसको याद असद!
जफ़ा[6] में उसकी है अन्दाज़ कारफ़रमा[7] का

✡

किसका ख़याल आइनये-इन्तेज़ार था?
हर बर्गे गुल के पर्दे में दिल बेक़रार था

✡

1. पतझड़ के पाँव की मेहंदी 2. मन में रहने वाला क्लेश 3. विरह संताप 4. उपवन में घूमने का कष्ट 5. बेतुकी हँसी 6. निर्दयता 7. हाकिम, माशूक़

मैं और बज़्मे-मय[1] से यूँ तश्ना काम[2] आऊँ!
गर मैंने की थी तोबा, साक़ी को क्या हुआ था

दर्मान्दगी[3] में 'ग़ालिब'! कुछ बन पड़े, तो जानूँ
जब रिश्ता बे गिरह[4] था, नाख़ुन गिरह कुशा[5] था

✡

घर हमारा, जो न रोते भी, तो वीरां होता
बह्र[6], गर बह्र न होता, तो बयाबाँ[7] होता

तंगिये दिल का गिला क्या, यह वह काफ़िर दिल है
कि अगर तंग न होता, तो परीशां होता

✡

---

1. शराब की महफ़िल 2. प्यासा 3. क्लेश, दुख 4. बिना गाँठ का 5. गाँठ खोलने वाला 6. समुद्र 7. जंगल

बुलबुल के कार-ओ-बार पे हैं ख़न्दा-हाये-गुल[1]
कहते हैं जिसको इश्क़, ख़लल है दिमाग़ का

ताज़ा नहीं है नश्शये-फ़िकरे-सुख़न[2] मुझे
तिरयाकिये-क़दीम[3] हूँ दूदे-चिराग़[4] का

सौ बार बन्दे-इश्क़[5] से आज़ाद हम हुए
पर क्या करें कि दिल की अदू[6] है फ़राग़[7] का

✡

तमाशाये गुलशन : तमन्नाये चीदन
बहार आफ़रीना : गुनहगार हैं हम?

✡

1. फूलों की हँसी 2. कविता की कल्पना का नशा 3. पुराना अफ़ीमची 4. दिये का धुआँ 5. प्रेमपाश 6. शत्रु 7. मुक्ति

हुई ताख़ीर[1], तो कुछ बाइसे-ताख़ीर[2] भी था
आप आते थे, मगर कोई अनांगीर[3] भी था

तुमसे बेजा है मुझे अपनी तबाही का गिला
उसमें कुछ शायबये-ख़ूबिये-तक़दीर[4] भी था

क़ैद में, है तेरे वहशी[5] को, वही ज़ुल्फ़ की याद
हाँ कुछ इक रंजे–गरां-बारिये-ज़ंजीर[6] भी था

✡

करने न पाये ज़ोफ़ से शोरे जुनूँ, असद!
अब के बहार का यूँ ही गुज़रा बरस तमाम

✡

---

1. देर 2. देर का कारण 3. लगाम पकड़ने वाला 4. सौभाग्य की झलक 5. पागल 6. ज़ंजीर के भारी बोझ का दुःख

तौफ़ीक़ बाअन्दाज़ये-हिम्मत[1] है अज़ल[2] से
आँखों में है वह क़तरा कि गौहर न हुआ था

जब तक कि न देखा था क़दे-यार का आलम[3]
मैं मोतक़िदे-फ़ितनये-महशर[4] न हुआ था

दरियाये-मआसी[5] तुनकआबी[6] से हुआ ख़ुश्क
मेरा सरे-दामन[7] भी अभी तर न हुआ था

✡

दैर-ओ-हरम आईनये-तकरारे-तमन्ना
वामान्दगीये शौक़ तराशे है पनाहें

✡

1. साहस के अनुसार सामर्थ्य 2. अनादिकाल 3. स्थिति 4. क़यामत की चपल आपत्ति का अनुयायी 5. पाप का सागर 6. जल की कमी 7. दामन का किनारा

घर जब बना लिया तेरे दर पर, कहे बग़ैर
जानेगा अब भी तू न मेरा घर कहे बग़ैर?

काम उससे आ पड़ा है कि जिसका जहान में
लेवे न कोई नाम, सितमगर कहे बग़ैर

जी में ही कुछ नहीं है हमारे, वगरना हम
सर जाए या रहे—न रहें पर कहे बग़ैर

✡

हूँ गर्मिये निशाते तसव्वुर से नग़मा संज
मैं अन्दलीबे-गुलशने-नाआफ़रीदा हूँ

✡

छोड़ूँगा मैं न उस बुते-काफ़िर[1] का पूजना
छोड़े न ख़ल्क़[2] गो मुझे काफ़िर कहे बग़ैर

हरचन्द[3] हो मुशाहिदये-हक़[4] की गुफ़्तुगू
बनती नहीं है बादा-ओ-साग़र कहे बग़ैर

✡

है बस कि हर इक उनके इशारे में निशां और
करते हैं मुहब्बत, तो गुज़रता है गुमां और

या रब, वह न समझे हैं, न समझेंगे मेरी बात
दे और दिल उनको, जो न दे मुझको ज़बां और

✡

1. अत्यन्त सुन्दर और गर्वीला माशूक़ 2. दुनिया 3. यद्यपि 4. सत्य का प्रेक्षण

तुम शहर में हो, तो हमें क्या ग़म, जब उठेंगे
ले आएँगे बाज़ार से, जाकर दिल-ओ-जाँ और

हर चन्द सुबुक दस्त[1] हुए बुतशिकनी[2] में
हम हैं, तो अभी राह में हैं संगे-गिरां[3] और

हैं और भी दुनिया में सुख़नवर[4] बहुत अच्छे
कहते हैं कि, 'ग़ालिब' का है अन्दाज़े-बयां और

✡

है तमाशागाहे सोज़े नाज़ हर इक अज़्वे तन
जूँ चराग़ाने दिवाली सफ़ ब सफ़ जलता हूँ मैं

✡

1. सिद्धहस्त 2. मूर्ति-भंजन 3. भारी पत्थर, राह के रोड़े 4. कवि 5. काव्य-शैली

क्यूंकर उस बुत से रखूँ जान अज़ीज़!
क्या नहीं है मुझे ईमान अज़ीज़?

दिल से निकला, प न निकला दिल से
है तेरे तीर का पैकान[1] अज़ीज़

ताब लाये ही बनेगी 'ग़ालिब'!
वाकेया[2] सख़्त है और जान अज़ीज़

✡

सितमकशी का किया दिल ने हौसला पैदा
अब उससे रब्त करूँ जो बहुत सितमगर हो

✡

---

1. तीर की नोक 2. घटना

ग़म नहीं होता है आज़ादों को बेश अज़ यक नफ़स[1]
बर्क़[1] से करते हैं रौशन शम्ये-मातम ख़ाना[3] हम

महफिलें बरहम[4] करे है गंजफ़ा बाज़े-ख़याल[5]
हैं वरक़ गरदानिये-नैरंगे-यक बुतख़ाना[6] हम

✡

मेहरबां हो के बुला लो मुझे, चाहो जिस वक़्त
मैं गया वक़्त नहीं हूँ कि फिर आ भी न सकूँ

✡

हस्ती, फ़रेबनामये मौजे सराब है
यक उम्र नाज़े शोख़िये उन्वां उठाइये

✡

---

1. एक साँस से अधिक 2. बिजली 3. शोकगृह का दिया 4. बिगाड़ना 5. काल्पनिक गंजफ़ाबाज़ 6. चित्रों की पुस्तक के उलटते हुए पृष्ठ जिन पर एक-एक मूर्तिशाला अंकित है।

ज़ोफ़[1] में तानये-अग़ियार[2] का शिकवा क्या है?
बात कुछ सर तो नहीं है कि उठा भी न सकूँ

ज़हर मिलता ही नहीं मुझको, सितमगर[3]! वरना
क्या क़सम है तेरे मिलने की कि खा भी न सकूँ?

✡

हम से, खुल जावो बवक़्ते-मय परस्ती[4] एक दिन
वरना हम छेड़ेंगे, रखकर उज्रे-मस्ती[5], एक दिन

✡

या रब! हमें तो ख़्वाब में भी मत दिखाइयो
यह महशरे ख़याल कि दुनिया कहें जिसे

✡

---

1. दुर्बलता 2. शत्रुओं का व्यंग 3. अत्याचारी 4. शराब पीते समय 5. मस्ती का बहाना

क़र्ज़ की पीते थे मय, लेकिन समझते थे कि हाँ
रंग लाएगी हमारी फ़ाक़ा मस्ती एक दिन

नग़मा हाये-ग़म[1] को भी ऐ दिल! ग़नीमत जानिये
बेसदा हो जाएगा यह साज़े-हस्ती[2] एक दिन

✡

कब से हूँ, क्या बताऊँ, जहाने-ख़राब[3] में
शब्हाये-हिज्र[4] को भी रखूँ गर हिसाब में

✡

रश्क है आसाइशे अरबाबे ग़फ़्लत पर असद!
पेच-ओ-ताबे-दिल नसीबे-ख़ातिरे-आगाह है

✡

1. वेदना के गीत 2. जीवन वाद्य 3. दुखमय संसार 4. बिरह की रातें

ता फिर न इन्तेज़ार में नींद आए उम्र भर
आने का अहृद कर गए, आए जो ख़्वाब में

कासिद[1] के आते-आते, ख़त इक़ और लिख रखूँ
मैं जानता हूँ, जो वह लिखेंगे जवाब में

ग़ालिब! छुटी शराब, पर अब भी कभी-कभी
पीता हूँ रोज़े-अब्र-ओ-शबे-माहताब[2] में

✡

इज्ज़ो न्याज़ से तो न आया वह राह पर
दामन को उसके आज हरीफ़ाना खींचिये

✡

---

1. संदेश वाहक 2. घटा घिरे दिनों और चाँदनी रातों में

रौ में है रख़्शे-उम्र[1], कहाँ देखिए थमे
नै हाथ बांग पर है, न पा है रकाब में

अस्ले-शहूद-ओ-शाहिद-ओ-मशहूद[2] एक है
हैरां हूँ, फिर मुशाहिदा[3] है किस हिसाब में!

आराइशे-जमाल[4] से फ़ारिग़ नहीं हनूज़[5]
पेशे नज़र है आइना दायम[6] नक़ाब में

✡

ज़िन्दगी में भी रहा ज़ौक़े फ़ना का मारा
नश्शा बख़्शा ग़ज़ब इस साग़रे ख़ाली ने मुझे

✡

---

1. आयु का घोड़ा 2. हव्य जगत, दर्शनकर्त्ता और दृश्यनिर्माता का मूल 3. अवलोकन 4. सौन्दर्य का शृंगार 5. अभी तक निवृत्त नहीं हूँ 6. सदैव

तुम जानो, तुमको ग़ैर से जो रस्म-ओ-राह[1] हो
मुझको भी पूछते रहो, तो क्या गुनाह हो?

जब मैकदा[2] छुटा, तो फिर अब क्या जगह की क़ैद
मस्जिद हो, मदरसा हो, कोई ख़ानक़ाह[3] हो!

सुनते हैं जो बहिश्त[4] की तारीफ़, सब दुरुस्त
लेकिन खुदा करे, वह तेरा जलवागाह[5] हो!

✡

और तो रखने को हम दह्र में क्या रखते थे
फ़क़त इक शेर में अन्दाज़-रसा रखते थे

✡

---

1. सम्बन्ध 2. मदिरालय 3. आश्रम 4. स्वर्ग 5. स्थान

गई वह बात कि हो गुफ़्तुगू, तो क्यूँ कर हो,
कहे से कुछ न हुआ, फिर कहो, तो क्यूँ कर हो?

जिसे नसीब हो रोज़े-स्याह[1] मेरा सा
वह शख़्स दिन न कहे रात को तो क्यूँ कर हो?

सीखे हैं महरुख़ों[2] के लिए हम मुसव्वरी[3]
तक़रीब[4] कुछ तो बहरे-मुलाक़ात[5] चाहिए

✡

रोज़ इस शहर में इक हुक्म नया होता है
कुछ समझ में नहीं आता है कि क्या होता है

✡

1. दुर्दिन 2. चाँद जैसी सूरत वाला 3. चित्रकला 4. बहाना, सिलसिला 5. मुलाकात के लिए

मय से ग़रज़ निशात[1] है किस रूस्याह[2] को?
यक गूना बेख़ुदी[3] मुझे दिन-रात चाहिए

है रंगे-लाला-ओ गुल-ओ-नसरीं[4] जुदा जुदा
हर रंग में बहार का इस्बात[5] चाहिए

✡

रहे उस शोख़ से आज़ुर्दा[6] हम चन्दे[7] तकल्लुफ़ से
तकल्लुफ़ बर तरफ़, था एक अन्दाज़े-जुनूँ वह भी

✡

क्यूँ न फ़िरदौस में दोज़ख़ को मिला लें यारब!
सैर के वास्ते थोड़ी-सी फ़ज़ा और सही

✡

---

1. मदिरा से आनन्द प्राप्ति अभीष्ट नहीं 2. पापी 3. किंचित आत्मविस्मृति 4. लाल, गुलाब और सेवती के फूल का रंग 5. पुष्टि 6. रूठा हुआ 7. कुछ समय तक

ख़याले-मर्ग[1] कब तस्कीं[2] दिले आज़ुर्दा को बख़्शे
मेरे दामे-तमन्ना[3] में है इक सैदे-ज़बूँ[4] वह भी

मये-इश्रत[5] की ख़्वाहिश साक़िये-गर्दूं[6] से क्या कीजे
लिये बैठा है इक दो-चार जामे-वाज़ गूँ[7], वह भी

✡

गर ख़ामुशी से फ़ायदा इख़्फ़ाये हाल है
ख़ुश हूँ कि मेरी बात समझनी मुहाल है

✡

हरगिज़ किसी के दिल में नहीं है मेरी जगह
हूँ मैं कलामे नग़्ज़, वले नाशुनीदा हूँ

✡

---

1. मृत्यु का शिकार 2. सन्तोष 3. कामना का जाल 4. तुच्छ शिकार 5. ऐश्वर्य की मदिरा 6. आकाश का साक़ी 7. औंधे प्याले

वहशत पे मेरी अरसये-आफ़ाक़[1] तंग था
दरिया, ज़मीन को अरक़े-इन्फ़ेआल[2] है

हस्ती के मत फ़रेब में आजाइयो असद!
आलम[3], तमाम हलक़ये-दामे-ख़याल[4] है

✡

उस बज़्म में मुझे नहीं बनती हया किए
बैठा रहा, अगर चे इशारे हुआ किए

✡

पानी से सग गज़ीदा डरे जिस तरह असद!
डरता हूँ आईने से, कि मर्दुम गज़ीदा हूँ

✡

---

1. संसार का विस्तार 2. लज्जा का पसीना 3. विश्व 4. कल्पना जगत

दिल ही तो है, सियासते-दरबां[1] से डर गया
मैं, और जाऊँ दर से तेरे बिन सदा किए!

मक़्दूर[2] हो तो ख़ाक से पूछूँ कि ऐ लईम[3]
तूने वह गंजहाये-गरांमाया[4] क्या किए?

ज़िद की है और बात, मगर ख़ू बुरी नहीं
भूले से उसने सैकड़ों वादे-वफ़ा[5] किए

✡

परवाने का न ग़म हो, तो फिर किसलिए असद!
हर रात शमा शाम से ले ता सहर जले

✡

1. दरबान की धमकी 2. सामर्थ्य 3. कंजूस 4. अमूल्य निधियाँ 5. वचन निभाये

सादगी पर उसकी, मर जाने की हसरत दिल में है
बस नहीं चलता कि फिर ख़ंजर कफ़े-क़ातिल[1] में है

देखना तक़रीर की लज़्ज़त कि जो उसने कहा
मैंने यह जाना कि गोया यह भी मेरे दिल में है

गर चे है किस-किस बुराई से, वले बा ईं हमा[2]
ज़िक्र मेरा, मुझसे बेहतर है कि उस महफ़िल में है

बस हुजूमे-नाउमीदी![3] ख़ाक में मिल जाएगी
यह जो इक लज़्ज़त हमारी सइये-बेहासिल[4] में है

✡

---

1. माशूक़ के हाथ 2. लेकिन इसके बावजूद 3. निराशा का समूह 4. निष्फल प्रयत्न

तस्कीं[1] को हम न रोयें, जो ज़ौके-नज़र[2] मिले
हूराने-ख़ुल्द[3] में तेरी सूरत मगर मिले

अपनी गली में मुझको न कर दफ़्न, बादे-क़त्ल
मेरे पते से ख़ल्क़[4] को क्यूँ तेरा घर मिले

साक़ीगरी[5] की शर्म करो आज, वरना हम
हर शब पिया ही करते हैं मय, जिस क़दर मिले

तुझसे तो कुछ कलाम नहीं[6], लेकिन ऐ नदीम[7]?
मेरा सलाम कहियो अगर नामा बर[8] मिले

✡

1. सांत्वना, सन्तोष 2. दृष्टि की अभिरुचि (माशूक़ की सूरत) 3. स्वर्ग की अप्सरा 4. संसार वाले 5. साक़ी होने का दावा 6. तुम पर कोई सन्देह नहीं 7. साथी, मित्र 8. पत्रवाहक

जुल्मतकदे[1] में मेरे शबे ग़म का जोश है
इक शमा है दलीले-सहर[2], सो ख़मोश है

दाग़े-फ़िराक़े-सोहबते-शब[3] की जली हुई
इक शमा रह गई है, सो वह भी ख़मोश है

आते हैं ग़ैब[4] से यह मज़ामीं[5] ख़याल में
ग़ालिब! सरीरे-ख़ामा[6], नवाये-सरोश[7] है

✡

काँटों की ज़बाँ सूख गई प्यास से, यारब!
इक़ आबला पा[8] वादिये पुरख़ार[9] में आवे

✡

1. अँधेरा घर 2. सुबह का प्रमाण 3. रात की महफ़िल के विरह का दाग़ 4. परोक्ष 5. विषय 6. क़लम की आवाज़ 7. जिबरील नामक फरिश्ते की आवाज़ 8. पैरों में छाले 9. काँटों से भरी हुई

ग़ारत गरे-नामूस[1] न हो गर हवसे-ज़र[2]
क्यों शाहिदे-गुल[3], बाग़ से बाज़ार में आवे

गंजीनये-मानी[4] का तिलिस्म[5] उसको समझिए
जो लफ़्ज़ कि 'ग़ालिब'! मेरे अश्आर[6] में आवे

✡

न हुई गर मेरे मरने से तसल्ली, न सही
इम्तेहां और भी बाक़ी हो, तो यह भी न सही

एक हँगामे पे मौक़ूफ़[7] है, घर की रौनक
नौहये-ग़म[8] ही सही, नग़मये-शादी[9] न सही

✡

1. प्रतिष्ठा को क्षति पहुँचाने वाला 2. धन का लालच 3. माशूक़ की तरह सुन्दर फूल 4. अर्थ का ख़ज़ाना 5. जादू 6. शेर का बहुवचन 7. निर्भर 8. दर्द भरा गीत 9. ख़ुशी का नग़मा

न सताइश[1] की तमन्ना, न सिले[2] की परवा
गर नहीं हैं मेरे अशआर में मानी, न सही

✡

क़हर[3] हो, या बला हो, जो कुछ हो
काश कि तुम मेरे लिए होते

मेरी क़िस्मत में ग़म गर इतना था
दिल भी यारब! कई दिए होते

आ ही जाता वह राह पर 'ग़ालिब'!
कोई दिन और भी जिए होते

✡

---

1. सराहना 2. इनाम 3. प्रकोप

ग़ैर लें महफ़िल में बोसे जाम के
हम रहें यूँ तश्नालब[1] पैग़ाम के

ख़त लिखेंगे, गर चे मतलब कुछ न हो
हम तो आशिक़ हैं तुम्हारे नाम के

इश्क़ ने 'ग़ालिब'! निकम्मा कर दिया
वरना हम भी आदमी थे काम के

✡

चाहिए अच्छों को, जितना चाहिए
यह अगर चाहें, तो फिर क्या चाहिए

✡

1. प्यासे होंठ

मुन्हसिर[1] मरने पे हो जिसकी उमीद
नाउमीदी उसकी देखा चाहिए

चाहते हैं ख़ूब रूयों[2] को असद
आपकी सूरत तो देखा चाहिए

✡

फ़रियाद की कोई लय नहीं है
नाला[3], पाबन्दे-नय[4] नहीं है

हर चन्द हर एक शय[5] में तू है
पर तुझ सी कोई शय नहीं है

✡

---

1. निर्भर 2. सुन्दरी 3. रोना, फ़रियाद 4. सुर का पाबन्द नहीं है 5. चीज़।

हाँ, खाइयो, मत फ़रेबे-हस्ती[1]!
हर चन्द[2] कहें कि 'है' नहीं है

हस्ती है, न कुछ अदम है 'ग़ालिब'!
आख़िर तू क्या है ऐ 'नहीं है'?

✡

मेरे ग़मख़ाने की क़िस्मत जब रक़म होने लगी
लिख दिया मिन जुमलये-असबाबे-वीरानी[3] मुझे

तब्आ[4] है मुश्ताक़े-लज़्ज़त[5] हाये हसरत, क्या करूँ!
आरज़ू से है शिकस्ते-आरज़ू[6] मतलब मुझे

✡

1. अस्तित्व का धोखा 2. यद्यपि 3. वीरानी के सामान में से एक 4. स्वभाव 5. मज़े की कामना करने वाला 6. कामना का टूट जाना।

बाज़ीचये-अतफ़ाल[1] है दुनिया मेरे आगे
होता है शब-ओ-रोज़[2] तमाशा मेरे आगे

जुज़ नाम[3], नहीं सूरते आलम मुझे मंजूर
जुज़ वह्म, नहीं हस्तिये-अशिया[4] मेरे आगे

फिर देखिए अन्दाज़े-गुल अफ़्शानिये-गुफ़्तार[5]
रख दे कोई पैमानये-सहबा[6] मेरे आगे

ईमां[7] मुझे रोके है, जो खींचे हैं मुझे कुफ़्र[8]
काबा मेरे पीछे है, कलीसा[9] मेरे आगे

---

1. बच्चों का खेल 2. दिन-रात 3. नाम के सिवा 4. वस्तुओं का अस्तित्व भ्रान्ति के अतिरिक्त कुछ नहीं 5. बातों का ऐसा अन्दाज़ जैसे फूल झड़ते हों 6. मदिरा का पात्र 7. धर्म 8. अधर्म 9. गिरजा।

गो हाथ को जुम्बिश नहीं, आँखों में तो दम है!
रहने दो अभी साग़र-ओ-मीना[1] मेरे आगे

✡

आईना क्यों न दूँ कि तमाशा कहें जिसे
ऐसा कहाँ से लाऊँ कि तुझसा कहें जिसे

फूँका है किसने गोशे-मुहब्बत[2] में, ऐ ख़ुदा!
अफ़्सूने इन्तेज़ार, तमन्ना कहें जिसे

सर पर हुजूमे-दर्दे-ग़रीबी[3] से, डालिए
वह एक मुश्ते-ख़ाक[4] कि सहरा कहें जिसे

✡

1. नधुपात्र और मधुकलश 2. प्रेम (माशूक़) का कान 3. दर-ब-दर मारे-मारे फिरने की अधिकता 4. मुट्ठी भर धूल।

ग़ालिब! बुरा न मान, जो वाएज़[1] बुरा कहे
ऐसा भी कोई है कि सब अच्छा कहें जिसे?

क़ुमरी[2] कफ़े-ख़ाकस्तर-ओ-बुलबुल क़फ़से-रंग[3]
ऐ नाला, निशाने-जिगरे-सोख़्ता[4] क्या है?

मजबूरी - ओ - दावाये - गिरफ्तारिये - उल्फ़त[6]
दस्ते-तहे-संग आमदा[7], पैमाने वफ़ा है

नाकरदा गुनाहों की भी हसरत की मिले दाद[8]
या रब! अगर इन करदा[9] गुनाहों की सज़ा है

✡

---

1. नीति उपदेशक 2. एक गाने वाली चिड़िया जो मुट्ठी भर राख के बराबर है 3. बुलबुल रंगों के पिंजरे के सिवा कुछ नहीं है 4. जले हुए जिगर का निशान 6. मजबूरी की हालत में मुहब्बत का दावा करना 7. पत्थर के नीचे आया हुआ हाथ 8. सराहना 9. किए हुए।